実効性のある道徳教育

日米比較から見えてくるもの

柳沼良太 著

教育出版

はじめに
～実効性のある道徳教育を求めて～

　これまで我が国の道徳教育は、「形骸化している」「実効性がない」と批判されてきて久しい。そうした状況を根本的に打開するために、従来の「道徳の時間」を「特別な教科　道徳」として教育課程に位置づけ、道徳教育を実質的に充実させることが目指されている。

　そもそも我が国では、公立の小・中学校において道徳教育が学校の教育活動全体を通じて行われ、道徳授業では内容項目を系統的に指導している。しかし、それにもかかわらず道徳教育は、なかなか想定したとおりに成果を出せないため、その実効性が疑われることになる。

　その一方で、我が国の道徳教育では、「性急に効果を求めるべきではない」「効果は漢方薬のようにジワジワと現れてくるものだ」と弁解されることも多い。確かに、道徳教育は子どもの内面的資質に対する間接的な指導であり、一回の道徳授業で子どもの心が劇的に変化するわけではないため、「即効性」を求めることは難しいところがある。また、我が国では、戦前の修身教育への反動や反発から、道徳教育において具体的な行為や習慣の指導を行わない向きもある。しかし、そうした諸事情を鑑みても、道徳教育の実効性が低いことを黙認して放置しておいてよいわけではない。

　我が国の道徳教育で実効性が高まらない原因の一つには、十分な評価を行っていないことがある。道徳教育では「学校に全体計画や年間指導計画を作成しているか」を調査されることはあっても、「実際に毎週、道徳授業を行っているか」「どれくらいの学習効果があるか」を調査されることはほとんどない。

　これまでも時おり全国各地で道徳教育に関するアンケート調査を各学校で自主的に行い、子どもの道徳性の変容を評価したり、その後の追跡調査を行った

りすることもあった。しかし、我が国では道徳授業は「数値などによる評価」を行わないという方針があるため、客観的に分析して効果を検証したり、のちの授業改善に活用したりすることはまれであった。それゆえ、道徳授業では、各教科で行われているPDCA（計画、実践、評価、改善）サイクルが十分に機能せず、いつまで経っても科学的な根拠（エビデンス）が薄弱なままであった。

しかし、今後は道徳科も学校教育の一教科として正規に行われる以上、その教育実践を省察するとともに、その教育効果について信頼性と妥当性のある評価を行い、その成果に対して説明責任・結果責任（アカウンタビリティ）を果たす必要がある。そして、道徳教育の実効性に課題があるのならば、その目標・指導内容・指導方法・評価方法をよりよく改善することが求められる。

特に近年は、グローバル化や情報化によって社会が大きく変動するなかで、価値観の多様化が進展し、これまで社会で通用してきた倫理観や規範意識も揺らいできている。学校現場においても、深刻ないじめ、校内暴力、不登校、学級崩壊、非行などが社会問題となっている。特に、道徳教育推進校として評判のよかった中学校でいじめ自殺事件が起きたケースもあった。そうしたなかで道徳教育は、子どもの人命にもかかわる深刻かつ重要なものと認識され、安心で安全な学校を築く礎になることが期待されている。

また、各種のアンケート調査によると、子どもたちの規範意識の低下、自尊感情の低下、人間関係の希薄化などのような現実的問題も指摘されている。情報モラル、生命倫理、環境倫理などに関する今日的課題に直面して、子どもたちが戸惑い、悩み、苦しんでいることも多い。こうした日常生活の喫緊の問題に対しても、道徳教育が現実的な対応を行うことが求められている。

こうした現実の事件・事故や今日的問題が次々と浮上するなかで、実質的に道徳教育を充実させることが、国民的な要望として高まっている。これまでも道徳教育の改革は、臨時教育審議会以降、教育改革国民会議、教育再生会議、教育再生実行会議などにおいて繰り返し提言されてきた。しかし、そうした改革は従来のやり方を部分修正するにすぎず、根本的な構造や方針を変えること

ほとんどなかった。そこで、道徳教育の実効性を高めるために、根本的な制度設計や指導方法を検討することが求められてきたのである。

　時あたかも、文部科学省では、従来のように子どもが単なる知識を習得するだけでなく、それを具体的な問題に活用し解決していく資質・能力を育てることが大事であると強調されるようになった。その流れで、道徳授業でも、従来のように読み物資料を読んで道徳的な価値観を教え込むようなスタイルではなく、子どもが具体的な問題に取り組み、主体的かつ協働的に学び合うようなアクティブ・ラーニングが重視されるようになった。そこで、道徳科では新たに「問題解決的な学習」や「体験的な学習」など多様で効果的な指導方法を導入し、道徳授業を根本的に改善することが求められてきたのである。

　以上のような時代的状況や社会的要望に対応するために、2013年2月に第二次安倍政権の諮問会議である教育再生実行会議では、「いじめ問題等への対応」に向けて「道徳教育の充実」を求め、「道徳の教科化」を提言するなかで道徳の指導法を改善するよう求めた。「いじめ問題等への対応」と道徳教育が結びつけられることで、ようやく道徳教育でも実効性を高めることが、真剣に議論されるようになったのである。

　これをうけた「道徳教育の充実に関する懇談会」の最終報告（2013年）では、「いじめ問題等への対応」のみならず、道徳教育の指導法を根本的に改善することが提言された。さらに、この報告をうけて2014年に設置された中央教育審議会の道徳教育専門部会でも、道徳教育と道徳授業の根本的な改善を提言することになった。事ここに至って、ようやく「これまでの道徳教育をどう改革するべきか」「今後どのような道徳教育を展開するべきか」について具体的かつ明確な方針が求められるようになった。

　筆者はこれまで道徳教育のあり方について理論や方法論の研究に取り組んできたが、幸いなことに上述した中央教育審議会の道徳教育専門部会とそれに続く「道徳教育の改善等に係る調査研究」の委員を拝命して、具体的な提案や提言をする機会を得ることができた。

そこでの中心的なテーマは、「どうすれば道徳教育の実効性を高めることができるか」であった。本書は、書名にもあるように「実効性のある道徳教育」とは何かを求めて、より具体的な提言や提案をまとめて提示している。もとよりこの種のテーマには賛否両論がつきものだが、我が国のよりよき道徳教育のあり方やその改革案を構想するために、筆者なりの率直な見解を本書で表明し、今後の議論につなげていきたいと考えている。

　我が国で道徳教育を議論する場合、どうしても過去の経緯を偏重する傾向が強い。「昔から我が国ではこういう道徳教育をやってきた」「道徳といえばこういうものだ」という自負や固定観念が強いため、新しい提案や提言がなされてもかき消されてしまい、改善や改革の機運が滞るというパターンが多い。
　そうしたなかで、我が国の道徳教育を相対化して、冷静に見つめ直し、具体的な改善点や改革点を見いだすうえで参考になるのは、やはり諸外国の道徳教育と比較検討することである。そのなかでも、筆者は1990年代からアメリカで道徳教育のあり方を根本的に改革してきた「新しい人格教育（character education）」に注目してきた。
　実のところ、かつてのアメリカでも道徳教育や人格教育は、「役に立たない」「有害無益だ」などと辛辣な批判を浴び続け、20世紀の半ば頃には衰退の一途をたどっていた。しかし、それと並行するように1960年代から80年代にかけてアメリカの学校では、学力低下や生徒指導上の問題（いじめ、校内暴力、麻薬、銃、飲酒、性非行など）が山積し深刻化していった。
　そこで、アメリカでは1990年代から「新しい人格教育」を取り入れ、草の根レベルから学校を立て直してきた経緯がある。この時期に、「よりよい子どもを育てたい」「よりよい学校にしたい」という素朴ながらも真摯な国民的要望が一気に高まったこともある。そうしたなかで、アメリカの人格教育が従来の道徳教育や価値教育を取り入れながら、実効性のある新しい人格教育を構築していったのである。こうして再生した人格教育は、その実効性の高さゆえに今日アメリカのみならず、イギリス、シンガポール、カナダ、オーストラリア、

フィリピン、メキシコ、韓国，中国、台湾など世界各国に広がっている。

　我が国の道徳教育とアメリカの人格教育では、共通する点も多い。第一に、学校の教育活動全体で道徳教育を行い、道徳（人格）授業を各教科や領域に関連づけている点である。第二に、道徳教育の目標を設定して、意図的かつ計画的に道徳的価値や核心価値を指導している点である。第三に、学校が家庭や地域社会と連携・協力して包括的な取り組みをしている点である。これらの諸点では、日米ともに重視しており、両国とも豊かな教育実践を積み重ねていることは確かである。

　その一方で、我が国の道徳教育とアメリカの人格教育とでは、異なる点も少なからずある。

　第一に、日本の道徳教育では情意的側面（心情、意欲、態度）を強調して、認知的側面（思考力、判断力）や行動的側面（行動力、習慣）を軽視し、「豊かな心」や「豊かな人間性」の育成に重点を置く。そして、道徳授業は、読み物資料を読んで登場人物の気持ちを共感的に理解するという画一的な指導方法が全国的に行われている。それに対して、アメリカの人格教育では、認知的側面と情意的側面と行動的側面を総合的にバランスよく指導している。そのため、人格教育の授業では、多様で効果的な問題解決的な学習や体験的な学習が積極的に取り入れられている。

　第二に、日本では道徳授業を特別活動や生徒指導とは厳密に区別して、道徳的実践の指導は特別活動等で行うことが多い。そのため、道徳授業は子どもの現実生活から切り離され、各教科での学習指導やいじめ予防等の生徒指導とも区別される傾向にある。それに対して、アメリカの人格教育は、特別活動や生徒指導と積極的に関連づけ、道徳的実践を体験的な学習として取り入れている。人格教育は子どもの現実的な生活態度の改善を重視して、学力の向上やいじめ防止、生徒指導にも役立てられている。

　第三に、日本では道徳授業に関して数値などで評価することを控えるため、その学習効果はあいまいなままである。そもそも道徳授業を実際の道徳的行為

や習慣の改善につなげようと意図しないため、その効果を科学的に検証することも難しい状態にある。それに対して、アメリカでは、人格教育の効果を数値などで客観的に評価して、教育の説明責任・結果責任（アカウンタビリティ）を果たすことが多い。人格教育は実際に子どもの行為や習慣にどれほど影響を与えるかについて実証的なデータや根拠となる実践を基に検証し、その批判的な分析や考察も徹底的に行ってきた。

こうした日米の比較について詳細な検討は本章に譲るが、なぜ日本の道徳教育とアメリカの人格教育ではこれほどまでに大きな差が生じてきたのか、その経緯や考え方にも注目したい。

本書では、こうした日米の道徳教育を比較することから見えてくるものを参照しながら、今後、我が国の道徳教育の改革が進むべき方向性を構想することにしたい。

本書の内容構成

以上のような問題意識から、本書の前半部では、我が国において道徳教育の実効性を高めるためにどうすればよいかを筆者の立場から考察する。後半部では、我が国の道徳教育とアメリカの新しい人格教育とを比較検討して、具体的な改善点を見いだすことにしたい。

本書の内容構成は、以下のとおりである。

第1章では、「特別の教科　道徳科」のあり方について検討する。中央教育審議会の答申や学習指導要領の改訂を踏まえて、具体的に道徳科の目標、指導内容、指導方法、評価方法をそれぞれ検討するとともに、その課題を浮き彫りにし、改善や改革の方向性を見いだしたい。

第2章では、いじめ問題に対応する道徳教育のあり方について考察する。これまでいじめ問題への対応は、生徒指導や学級活動の役割として見なされ、道徳教育の役割として十分に検討されてこなかった。そこで、いじめ問題を道徳教育で扱うために、どう改善・改革することができるかについて論じる。

第3章では、アメリカの新しい人格教育を取り上げ、その特徴を検討する。

人格教育といっても多種多様なイメージが錯綜しているため、筆者がアメリカで実地調査してきた研究成果を踏まえて、より実像に近い人格教育を提示することにしたい。特に、「人格教育の父」とも呼ばれるトーマス・リコーナの人格教育論及び彼が理論的に指導する人格教育パートナーシップの「効果的な人格教育の11原則」を取り上げ、その特徴を検討する。

　第4章では、日本の道徳教育とアメリカの人格教育をテーマごとに比較検討する。教育の行政的側面をはじめ、推進する諸機関、法令上の位置づけ、道徳教育の目標・指導内容・指導方法・評価方法、道徳授業と生徒指導との関係、学校全体での取り組み等の各側面から多角的に両国を比較する。

　第5章では、新しい人格教育の成果とその課題を検討する。人格教育は子どもの道徳性を育成するだけでなく、学力の向上や規律の改善にも効果があるといわれているが、本当にそういえるかを実証的に検討する。また、現実的ないじめ防止対策に人格教育がどう取り組んできたかに注目したい。

　第6章では、アメリカで新しい人格教育を実際に行って表彰された優秀校を取り上げ、その教育実践を紹介する。具体的には、筆者がアメリカで訪問調査したウォーター・ルー中等学校、ミラード・ホーク初等学校、モーガン・ロード小学校、ランシング中等学校を取り上げる。

　以上のように本書は、ただ道徳教育の理想論を抽象的に論じるのではなく、その実効性を高めるための手立てを具体的に論じることになる。実際に「特別の教科　道徳」をめぐって行われた議論を基に、日米の道徳教育を比較考察しながら、我が国の道徳教育のあり方を根本的に探究することにしたい。

2015年5月

柳沼良太

目　次

はじめに　〜実効性のある道徳教育を求めて〜

第1章　「特別の教科　道徳」の実効性を高めるために
　はじめに …………………………………………………………………… 1
　1節　道徳科の目標 ……………………………………………………… 4
　　1．道徳の認知的、情意的、行動的側面　4
　　2．道徳科の目標をどう修正するか　5
　　3．「道徳的実践力の育成」から「道徳性の育成」へ　8
　　4．道徳性を構成する諸様相　9
　2節　道徳科の指導内容 ………………………………………………… 12
　　1．内容項目の変更　13
　　2．重点項目の扱い　15
　3節　道徳科の指導方法 ………………………………………………… 16
　　1．多様で効果的な指導方法の導入　16
　　2．内省を深め目標を見いだす工夫　18
　　3．子どもが主体的に学習に取り組む工夫　19
　　4．よりよく生きる力の育成　20
　　5．問題解決的な学習の活用　20
　　6．体験的な学習の活用　22
　　7．特別活動等の体験活動との関連づけ　23
　　8．複数の内容項目と関連づけた指導　24
　4節　道徳科における道徳的行為・習慣の指導 ……………………… 25
　5節　道徳科の評価方法 ………………………………………………… 28
　6節　道徳科の課題と展望 ……………………………………………… 30

第2章　いじめ問題に対応する道徳教育の開発・実践
　はじめに …………………………………………………………………… 32
　1節　いじめ問題の分析 ………………………………………………… 34

ix

1．いじめの定義とその課題　34
　　2．いじめを見えにくくする子どもの性格特性　36
　　3．いじめに対応するスタンス　38
　2節　いじめ防止教育と道徳教育 ……………………………………… 40
　　1．いじめ防止教育の方針　40
　　2．いじめ問題に対応する道徳授業の課題　41
　3節　いじめ問題に対応する道徳授業の実践例 ……………………… 43
　　1．小学校での実践例　43
　　2．中学校での実践例　46
　おわりに ……………………………………………………………………… 49

第3章　アメリカの人格教育
　1節　人格教育とは何か ………………………………………………… 50
　2節　先行研究の検討 …………………………………………………… 52
　3節　新旧の人格教育 …………………………………………………… 55
　4節　リコーナの人格教育論 …………………………………………… 58
　5節　人格教育の包括的アプローチ …………………………………… 64
　6節　人格教育の指導方法 ……………………………………………… 71
　　1．核心価値の意義と設定　71
　　2．核心価値の指導　73
　　3．教師が模範を示す　74
　　4．自発性と内発的動機づけ　75
　　5．人格教育のカリキュラム　76
　　6．体験活動との関連づけ　77
　　7．人格教育と生徒指導　78
　　8．思いやりの共同体　79
　　9．学校、家庭、地域の連携　80
　7節　人格教育の評価方法 ……………………………………………… 81
　　1．レンゲルの観察評定尺度　81
　　2．リコーナの包括的評価計画　82
　　3．人格教育パートナーシップの評価方法　86

第4章　日米の道徳教育に関する比較考察

- 1節　歴史的経緯と政治的要因 ………………………………………… 89
- 2節　推進する諸団体 ……………………………………………………… 93
- 3節　法令上の位置づけ …………………………………………………… 95
- 4節　道徳教育の目標 ……………………………………………………… 96
- 5節　道徳の指導内容 ……………………………………………………… 99
- 6節　道徳の指導方法 …………………………………………………… 101
  1. 伝統的な指導方法　101
  2. 新しい人格教育の指導方法　102
  3. 問題解決的な学習　103
  4. 体験的な学習　104
- 7節　道徳の評価方法 …………………………………………………… 106
- 8節　道徳教育と生徒指導 ……………………………………………… 108
  1. 道徳教育と生徒指導の関係　108
  2. 生徒指導室の役割　109
- 9節　学校全体での取り組み …………………………………………… 110
- 10節　日米の比較から見えてくるもの ………………………………… 111
  1. 類似点と相違点　111
  2. 新しい人格教育の課題　113

第5章　新しい人格教育の成果と課題
〜学力向上と規律改善（いじめ防止）との関連から〜

- 1節　人格教育と学力向上の関係 ……………………………………… 115
- 2節　人格教育と規律改善（いじめ防止）の関係 …………………… 118
- 3節　アメリカでのいじめ防止教育 …………………………………… 120
- 4節　いじめ問題に対応する道徳授業 ………………………………… 124
- 5節　人格教育の成果と課題 …………………………………………… 125

第6章　人格教育の実践例

- 1節　ウォーター・ルー中等学校 ……………………………………… 128
  1. 落ちこぼれ学校から優秀校へ　128
  2. 自慢のPRIDE　129

3．献身的な教師　130
　　4．証拠はデータのなかに　132
　　5．思いやりのあるパートナーとしての親　132
　　6．よいことを広める子どもたち　133
　　7．人格形成の構想　134
2節　ミラード・ホーク初等学校 …………………………………… 136
　　1．「第二の家庭」としての学校　136
　　2．草の根プログラム　138
　　3．カリキュラム・ガイドと人格の指導　138
　　4．三振を恐れるな　140
　　5．評価技術の向上　141
　　6．「みんなの教育にはみんなの参加が必要」　142
　　7．小さな学校が地域を動かす　143
3節　モーガン・ロード小学校 ……………………………………… 144
　　1．学力と人格の向上　144
　　2．人格・読書推進委員会　145
　　3．バディー・クラスとの交流　146
　　4．教師と親との協力　147
　　5．成功を示す指標　149
4節　ランシング中等学校 …………………………………………… 150
　　1．「悪い言葉づかい」への対応　150
　　2．アンケートの作成と実施　151
　　3．活動の成果　153

おわりに　154

参考　小学校学習指導要領新旧対照表　161

第1章
「特別の教科 道徳」の実効性を高めるために

はじめに

　1958年に特設された「道徳の時間」が、「特別の教科 道徳」（以下、道徳科と略称）として教育課程上に明確に位置づけられることになる。「道徳の時間」もようやく正式な教科に昇格したことになるが、ただ従来の「道徳の時間」が形式的に教科となるだけでは質・量ともに十分ではない。道徳科も教科となるかぎりは、その目標、指導内容、指導方法、評価方法を有機的に関連づけ、一体化したものに再構成する必要がある。

　道徳の教科化について議論する際には、「従来の道徳の時間をそのままのかたちで教科として格上げすべきだ」という意見も少なからず出されていた。それは「道徳の時間」がこれまでたどってきた歴史的経緯も関係していると思われるため、その大きな流れを確認しておこう。

　まず、「道徳の時間」が特設された当初は、それに反対する左派勢力と対抗するために、道徳授業の正当性を理論的に解説する必要があった。「道徳の時間」が戦前の修身科の授業とは根本的に異なること、道徳教育全体を「補充・深化・統合」するのが道徳授業であること、道徳教育と道徳授業は相互に補完的な関係にあることが強調された。

　次に、「道徳の時間」を学校現場で週1時間、必ず実施することが優先事項となった。特設された当時は、実際のところ「道徳の時間」を特別活動（学級活動）や補習の時間に置き換えてしまう場合も多かった。また、道徳授業の指導方法にしても、社会科の授業のように公民として社会認識を深めようとするものから、国語科の授業のように登場人物の気持ちを共感的に理解しようとす

るもの、生徒指導のように実際の問題行動を改めるよう説諭するものまで多様であった。

　そこで、1960年代から当時の文部省は、特に国語科における物語文の指導方法を参考にして、読み物資料を用いて登場人物の心情を共感的に理解し、道徳的価値の自覚を促すような指導方法を開発し、全国的に推進していった。この指導方法は、教師が価値観を押しつけることなく、計画的に道徳の内容項目を指導することができる点で重宝されることになる。

　その後、道徳の指導方法をできるだけ簡潔にして、どの学級担任でも手軽に指導できるようにすることが求められた。そこで、学習指導課程がより単純化された道徳の指導方法が確立されていった。しかし、そうした道徳授業は時が経つにつれ、ワンパターン化して徐々に硬直化して、画一的でマンネリな指導方法となっていったのである。

　こうした我が国の道徳授業を受けた子どもたちにアンケート調査を行うと、いつもある顕著な傾向が現れる。つまり、道徳授業は小学校低学年でこそ人気があるものの、学年が上がるにつれて低調になり、小学校高学年から中学校にかけては、最も人気のない授業となってしまう。金井肇らが1995年に実施した「道徳授業についてのアンケート調査」にもその実態がよく示されている。小学校高学年や中学校だと、道徳授業が「楽しい」「ためになる」と答える率が10％以下になる。「道徳授業を楽しくないと感じる理由」は、どの学年でもトップが「いつも同じような授業だから」であり、続いて「こうすることがよいことだとか、こうしなければいけないということが多いから」や「資料や話がつまらないから」などが続く。その調査から20年以上も経つ今日でも、筆者が大学や大学院で同種の調査を行うと同じような結果が出てくる。

　本来、道徳授業は子ども一人ひとりが「自己の生き方」や「人間としての生き方」を見つめ直す機会になるため、非常に重要かつ貴重な時間になるはずである。しかし、実際のところ子どもにとって道徳授業は、「楽しくない」「つまらない」「役に立たない」「価値の押しつけ」と受け止められているとしたら、大きな問題があることになる。

また、現実問題として高度な情報化やグローバル化が進展して社会が急激に変化するのに伴い、子どもの人間関係の希薄化、規範意識の低下、自尊感情や自己肯定感の低下なども問題視されてきた。そのうえ、近年はいじめ問題が深刻化して社会的に関心を集めると、生徒指導上の問題にも対応できる効果的な道徳教育が求められてきた。特に、2011年に滋賀県大津市の道徳教育推進校で起きた中学2年生のいじめ自殺事件は、道徳教育のあり方を根本的に問い直すものとなった。こうした悲劇を繰り返さないことが国民的な要望として高まるなかで、2013年の教育再生実行会議の第一次提言では、「いじめ問題等に対応する道徳教育の充実」を求め、その有力な対策として道徳の教科化を提案することになった。

　こうした経緯から、道徳の教科化を契機にして、道徳授業の指導方法を大幅に改善・改革しようとする動向が生じたことは当然のことであった。「道徳教育の充実に関する懇談会」の提言では、いじめ問題だけでなく道徳教育全体の充実が求められ、道徳授業の実効性を高めることが求められた。それに続く中央教育審議会・道徳教育専門部会の答申「道徳に係る教育課程の改善等について」では、新しい学習指導要領を見据えてさまざまな新しい方針や改革案を打ち出している。そのなかでも大きな特徴となるのが、道徳授業の目標を「道徳性の育成」に変更し、多様で効果的な指導方法を積極的に活用し、記述式の評価を導入しようとする点であった。

　筆者も中教審の委員としてこうした一連の道徳教育の改革に取り組むことになった。この道徳教育の改革が進めば、昔ながらの硬直化した道徳授業を改善し、実効性を確実に高めるきっかけになると期待されたからである。しかし、途中から道徳の教科化それ自体が目的となり、単に昔から継承されてきた型通りの道徳授業を堅持しようとする動向も根強くあった。その結果として、「特別の教科」となったあとでさえ道徳授業の実効性を高めるという当初の目的が必ずしも達成されていないところがある。

　そこで本章では、こうした議論のなかでまとめられた今回の中教審答申と新しい学習指導要領を踏まえながら、道徳科の目標、指導内容、指導方法、評価

方法について筆者の立場から再検討し、今後の道徳教育の課題や本来あるべき姿を展望することにしたい。

1節　道徳科の目標

1．道徳の認知的、情意的、行動的側面

　教育の目的は、子どもの認知的側面と情意的側面と行動的側面をバランスよく育成し、よりよい人格を形成することである。こうした目的を実現するうえで重要な役割を果たすのが、道徳教育である。

　この点を教育基本法に関連づけると、教育の目的は「人格の完成」（第1条）であり、「教育の目標」は「幅広い知識と教養を身につけ、真理を求める態度を養い、豊かな情操と道徳心を培うとともに、健やかな身体を養うこと」（第2条第1項）である。ここでの「教育の目標」も、認知的側面と情意的側面と行動的側面に分けられている。

　しかし、この教育の目標において情意的側面のなかに「道徳心」を入れているために混乱が生じてくる。というのも、この文章を読むかぎりでは、道徳教育は、教育における情意的側面の一部だけを担当するもので、認知的側面や行動的側面とは直接関係がないかのように解釈されがちだからである。

　ここでいう「道徳心」とは、「道徳的心情」に限定されており、「道徳性」の一部でしかない点を考慮する必要がある。「道徳性」には、このほかにも認知的側面に含まれる道徳的思考力や道徳的判断力もあれば、行動的側面に含まれる道徳的行動力や道徳的習慣もある。こうした側面を軽視して、道徳性を情意的側面の一部とだけとらえてしまうと、道徳教育の実効性は失われていくことになる。

　明治以来、我が国では、教育課程を単純に「知育・徳育・体育」に分け、育成すべき資質を「知・情・意」に分けてきた。そのため、道徳教育は徳育に限定されてしまい、道徳性の情意的側面（＝道徳的心情）ばかりを重視する傾向が強まった。

これは学校教育全体の目標とされる「生きる力」の概念でさえ同じである。平成20年度の『学習指導要領解説　道徳編』によると、道徳教育では「生きる力」の構成要素のなかの情意的側面である「豊かな人間性」だけが強調され、認知的側面である「確かな学力（問題を解決する能力）」や行動的側面である「健やかな体力」には関連づけられていなかった。しかし、道徳教育においても認知的側面、情意的側面、行動的側面があるのであり、各側面をそれぞれバランスよく指導しなければ実効性が高まらないのは当然である。

　そもそも道徳教育の目標は、子どもの「道徳性」を育成することであるが、この「道徳性」をいかに定義するかが問題になる。平成20年の学習指導要領解説・道徳編では、道徳性を「人間らしいよさ」や「道徳的諸価値が一人一人の内面において統合されたもの」と解説されている。しかし、「人間らしいよさ」という抽象的な概念を理解しただけでは道徳的実践力につながらないし、「思いやり」や「正義」という観念的な道徳的価値を束ねただけでは道徳性にならない。

　筆者の見地では、道徳性とは、人間としての正しい生き方について理解を深め、それを基に主体的な思考や判断ができ、実際の生活場面でも自らの行為や実践に活用でき、それを習慣化することでもたらされる資質・能力である。こうした資質・能力としての道徳性は、実際の道徳的な問題状況について考え、判断し、行動する経験を繰り返すことで育成される。

　こうした道徳性にも、認知的側面（道徳的理解力、道徳的思考力、道徳的判断力）、情意的側面（道徳的心情、道徳的実践意欲、道徳的態度）、行動的側面（道徳的行動力、道徳的習慣）がある。こうした道徳性を総合的に育成することが道徳科の目標となるべきなのである。

2．道徳科の目標をどう修正するか

　こうした問題意識を踏まえて、先の中教審答申では、道徳科の目標として「様々な道徳的価値について自分とのかかわりも含めて理解し、それに基づいて内省し、多角的に考え、判断する能力、道徳的心情、道徳的行為を行うため

の意欲や態度を育てることなどを通じて、一人ひとりが生きるうえで出会う様々な問題や課題を主体的に解決し、よりよく生きていくための資質・能力を培うこと」として示した。この新しい目標は、従来のように道徳性の情意的側面ばかり強調する目標とは異なり、特に文章の後半には問題解決能力に対応した「生きていくための資質・能力」の育成が示されており、新しい道徳科の目標を特徴づけるものとなっている。この定義が学習指導要領にもそのまま反映されれば、道徳に関する問題解決能力を養うような「生きる力」を育成することが目標となるため、かなり画期的な改善になったはずである。

　しかし、2015（平成27）年に公示された学習指導要領では、「特別の教科 道徳」の目標が以下のように変更されて公示されている。

　小学校では「よりよく生きるための基盤となる道徳性を養うため、道徳的諸価値についての理解を基に、自己を見つめ、物事を多面的・多角的に考え、自己の生き方についての考えを深める学習を通して、道徳的な判断力、心情、実践意欲と態度を育てる」。

　中学校では「よりよく生きるための基盤となる道徳性を養うため、道徳的諸価値についての理解を基に、自己を見つめ、物事を広い視野から多面的・多角的に考え、人間としての生き方についての考えを深める学習を通して、道徳的な判断力、心情、実践意欲と態度を育てる」。

　この学習指導要領の定義は、上述した答申の定義と比べて文章構造が大きく変わっている。まず、答申では最後に記された「よりよく生きていくための資質・能力を培うこと」が、学習指導要領では最初に移され、「よりよく生きるための基盤となる道徳性を養うため」と記されている。

　次に、答申では重視された「一人一人が生きる上で出会う様々な問題や課題を主体的に解決し」が消失している。

　第三に、答申の目標では、「内省し、多角的に考え、判断する能力、道徳的心情、道徳的行為を行うための意欲や態度を育てることなどを通じて」と記して道徳教育の手段として示したところを、学習指導要領では文末に移して「道徳的な判断力、心情、実践意欲と態度を育てる」こととして目的化している。

ここで答申では「内省し、多角的に考え、判断する能力」として認知的能力として示されたものが、学習指導要領では「自己を見つめ、物事を多面的・多角的に考え」として学習方法として示され、「判断する能力」とは切り離された。
　第四に、答申では「道徳的行為を行うための意欲や態度を育てることなど」と示して、道徳的行動力や習慣の育成にも含みをもたせたが、学習指導要領では単に「実践意欲と態度を育てる」と従来通りの表記に戻ってしまった。
　学習指導要領では、一般的な教科の構造を意識して、「……という学習内容を基に、……という学習（方法）を通して、……という資質・能力を育てる」という形に整えている点はよいだろう。しかし、結果的には、道徳科の目標から問題解決能力の育成という視点をなくしてしまうことで、先の懇談会や中教審で提言された内容の革新性をかなり薄めることになった。
　そもそも実効性のある道徳教育を展開するためには、「道徳的行動力」や「道徳的習慣」を育成することは、必要不可欠であった。平成20年の学習指導要領でさえ、道徳授業の目標は、実効性を重視するために、「道徳的実践力を育成する」としていた。それにもかかわらず、新しい学習指導要領では、道徳科の目標に「道徳的実践力」や「道徳的行動力」の育成を含めなくなり、従来のように「道徳的な判断力、心情、実践意欲と態度を育てる」とだけ表現したのである。このことは、道徳教育の実効性を高めるという点では、明らかに改革の後退である。
　筆者は委員としてこうした道徳教育の構造的な課題を再三指摘したが、今度の学習指導要領でも最終的にはそれらを十分に反映できなかった。この点は次の学習指導要領の改訂に期待することにしたい。
　それはさておき、中教審の答申では道徳教育における「生きる力」の概念解釈が変わったことは望ましいことである。中教審の答申では冒頭部において、「道徳教育を通じて育成される道徳性」は、「『豊かな心』だけでなく、『確かな学力』や『健やかな体』の基盤ともなり、『生きる力』を育むものである」と強調している。また、新しい学習指導要領では、つまり、道徳性が従来のように「生きる力」の情意的側面にのみ特化した概念ではなく、認知的側面や行動

的側面とも関連する総合的な概念であることを明示している。この点は、平成20年の学習指導要領解説・道徳編において「生きる力」の情意的側面ばかり重視した道徳教育の方針を大幅に改めている。

　道徳科の目標は、学校の各教育活動の特質と関連づけながら、よりよく生きるための基盤となる道徳性を育成することである。この目標を達成するために、指導の内容と方法に関する認知的側面の充実が図られた。具体的には、新しい学習指導要領の目標として提示されたように、道徳的諸価値についての理解を基に、自己を見つめ、物事を（広い視野から）多面的・多角的に考え、自己の生き方（小学校）や人間としての生き方（中学校）についての考えを深める学習を行うことになる。

　ここでいう「道徳的諸価値についての理解」とは、人間がよりよく生きるために示されてきた道徳的諸価値を含む内容について基本的な認識を深めることである。これが基になって、それぞれの人生において出会うであろうさまざまな問題に対して、道徳的諸価値をどのように活用・応用できるかを構想することにもつながるのである。

　「物事を広い視野から多面的・多角的に考える」とは、物事を自己中心的に狭い視野で考えるのではなく、他の人々の観点を取り入れながら広く社会的な視野で考え想像することである。その際に、自分や他の人々が人間としてどのように行動すべきかを考え、その原因と結果の関係や行動の道徳的理由などについて多面的・多角的に考えることが重要になる。

3．「道徳的実践力の育成」から「道徳性の育成」へ

　中央教育審議会の答申では、新しい道徳科の目標を、従来の「道徳的実践力の育成」から「道徳性の育成」へと変更している。この点は新しい学習指導要領にもそのまま反映されている。これは一般的には見過ごされがちな変更点であるが、実は大きな改善点である。

　平成20年の学習指導要領解説・道徳編では、「道徳性」の構成要素（諸様相）は、「道徳的心情、判断力、実践意欲と態度」のほかに、「道徳的行為」や「道

徳的習慣」を含むと解されてきた。その意味で「道徳性」は、単なる内面的資質ではなく、外面的に現れる資質・能力をも意味していた。

　また、平成20年の学習指導要領解説・道徳編において、「道徳的実践力」の構成要素（諸様相）は、「道徳的心情、道徳的判断力、道徳的実践意欲と態度」だけであり、「内面的な資質」として限定されていた。

　こうした二つの概念定義を踏まえて、道徳授業の目標は「道徳的実践力の育成」であるため、外面に現れる道徳的行為や道徳的習慣まで指導してはいけないと解釈されてきた。そして、道徳教育の目標は「道徳性の育成」であるため、外面に現れる道徳的行為や習慣を指導してもよいという解釈にもなった。

　しかし、新しい道徳科の目標は、道徳教育全体の目標と同様に、「道徳性の育成」であるため、道徳的行為や習慣に関する資質・能力を育成することも原理的には可能となったのである。これまで我が国の道徳授業では、道徳的行為や道徳的習慣に関する指導を行うべきではないという暗黙のルールがあった。そこには、道徳授業では内面的な道徳的実践力までを養い、学校の教育活動全体で行う道徳教育では道徳性を育成すればよいという分業制があったのである。それゆえ、従来の道徳授業は、道徳的習慣や道徳的行為を含まない独特の「道徳的実践力」を育成することが目標であるため、指導に実効性が乏しいのは当然であった。

　今回の中教審答申や新しい学習指導要領の最も画期的なところは、こうした道徳教育で機能不全を引き起こしていた原因を取り除こうとした点である。つまり、道徳教育は道徳性を育成し、道徳授業は道徳的実践力だけを育成するという不毛な区分を排することが目指された。そこで、道徳教育と道徳授業の目標を統一して「道徳性の育成」とすることで、学校や授業の内外で総合的かつ効果的な取り組みを可能にしようとしたのである。

4．道徳性を構成する諸様相

　道徳科で育成する資質・能力は、具体的には道徳性を構成する諸様相として示されている。新しい学習指導要領においても道徳性を構成する諸様相として

「道徳的判断力、道徳的心情、実践意欲と態度」が示されている。こうした諸様相については、既に平成20年の学習指導要領解説・道徳編でも示されている。しかし、道徳教育の実効性を高めるためには、こうした概念を従来通りに解釈するのではなく、より機能的な概念に解釈し直す必要がある。以下に従来の解説書の解釈を参照しながら、筆者なりの定義や考え方を示してみたい。

まず、「道徳的判断力」とは、よりよく生きるために基本となる道徳的な諸価値や原理原則を理解したうえで、さまざまな場面や問題状況において人間としてどのように対処することが望ましいかを認識して、主体的に判断する力である。また、それは自分自身の生き方や行動を振り返り、根本的かつ批判的に省察したうえで、よりよい生き方を見つけ出す能力でもある。的確な道徳的判断力をもつことによって、人生において出会うであろう多様で複雑な問題状況においても、機に応じて適切な道徳的行為のあり方が判断できるようになる。

次に、「道徳的心情」とは、正しいことや善良なことをすることに快さを感じ、不正や邪悪なことをすることに不快さを感じる感情である。また、それは他者の経験を自分のものとして感じ取り、他者の気持ちに共感する能力でもある。さらに、よりよい生き方を志向し、崇高なものに憧れ、偉大なことをなすことを喜ぶような感情でもある。こうした道徳的心情は、自己を尊重する心（自尊心）や自己を制御する心（自制心）にもなる。こうした道徳的心情は、上述した道徳的判断力と結びつくことで、道徳的な動機づけの根拠を形成することになる。

第三に、「道徳的実践意欲と態度」とは、道徳的判断力や道徳的心情によって望ましいとされた行為や実践を主体的に行おうとする心的傾向である。前半の「道徳的実践意欲」とは、道徳的判断力や道徳的心情の働きに連動して、道徳的に価値あることを実現しようとする意志の働きである。知性と感情が調和的に結び付き、道徳的実践をしようという意欲が高まることによって、望ましい行為に駆り立てられる。一方、後半の「道徳的態度」とは、そうした道徳的意欲に基づいて実際の道徳的行為に向かう際の具体的な心構えと身構えである。

このほかに、道徳性は、「道徳的行動力」や「道徳的習慣」とも深く関連し

ている。平成20年の学習指導要領では、道徳授業の目標として「道徳的実践力」の育成を掲げたが、この道徳的実践力を「内面的な資質」として解説したため、実効性を失うことになった。これまでの従来の道徳授業は、道徳的実践力を育成するといいながら、実質的な道徳的行動力や道徳的習慣を育成できなかったために効果が薄かったことを考慮すべきである。

　新しい学習指導要領でも、道徳授業の目標は道徳的実践意欲と態度を育成するだけでよく、道徳的行動力や習慣まで育成しようとしていない。これは道徳的な実践意欲や態度を養えれば、道徳的な行為や習慣につながると安直に考えているためである。しかし、これまでの道徳授業でも道徳的な実践意欲や態度までは育成してきたが、それらが実際の道徳的行為や習慣につながらなかったから問題視されてきたのである。その反省が新しい学習指導要領には全く生かされていないのは残念である。諸外国の道徳教育や人格教育でも、実効性のあるものは必ず道徳的行動力や習慣まで育成しているのである。それでは、道徳的行動力や道徳的習慣はどのように定義すべきかを以下で考えてみたい。

　「道徳的行動力」とは、道徳的判断力や道徳的心情に基づいて意欲された道徳的行為を現実化する能力である。それはさまざまな問題に対して道義的責任をもって実際に行動する力でもある。また、道徳的行動力は、人生でさまざまな問題に直面した際に、相手の意見を尊重し、自分の思いを適切に伝え、互いに受容できる解決策を協働して考え、実行する能力でもある。道徳的判断力や道徳的心情は、特に両者がともに作用する場合に意欲的になり、道徳的行動力に転化する。逆に、道徳的行動力が高まることで、道徳的な考え方や感じ方に影響を及ぼすことにもなる。

　「道徳的習慣」とは、よい経験を繰り返し積み重ねて身につけた望ましい行動の心的傾向である。道徳的習慣を形成することで、道徳的判断力や道徳的心情が一定の心的傾向をもち、道徳的行為も自然にできるようになる。こうした道徳的習慣の最も初歩的な形態が、「基本的な生活習慣」と呼ばれる。こうした道徳的習慣が形成されると、「第二の天性」ともいわれるものとなる。道徳的習慣が形成されると、道徳的判断力、道徳的心情、道徳的行動力にも影響を

及ぼし、ある一定の人格を形成するようになる。

こうした道徳性を構成する諸様相は、それぞれが独立した特性をもつのではなく、相互に深く関連している。それゆえ、これらの諸様相が全体としてバランスよく密接な関連をもって機能するよう指導することが大切である。実際に子どもが直面する問題に対して、道徳的判断力や道徳的心情が働き、道徳的実践への意欲や態度が引き出され、道徳的行動力が行為を導き出し、道徳的習慣が形成され、再びその経験が道徳的判断力や道徳的心情に影響を及ぼすというサイクルが適切に機能するよう指導することが重要になる。

2節　道徳科の指導内容

道徳科の目標が改善されたことを受けて、道徳科の指導内容も改訂されることになった。まず、現状を維持するところと変更するところを明確にしておきたい。

第一に、道徳の内容は、道徳科を要として学校の教育活動全体で行う道徳教育の内容として位置づけられた点である。この点は、「道徳の時間」が特設されて以来、変わらぬ基本方針であり原理的にも正しい。しかし、道徳の内容が道徳教育全体の目標であるため、道徳科の授業でその内容を完全に習得しなくてもよいという言い訳に使われてきた点では課題も残る。

上述したように道徳教育の目標と道徳科の目標が「道徳性の育成」として統一される以上、それに対応した総合的で実践可能な指導内容とすることが求められる。道徳の指導内容も、教科となる以上は単なるお題目ではなく、子どもが習得し活用し実践すべき内容であるため、より具体的で機能的な表現にする必要があった。

また、従来の道徳の内容項目は、一般的かつ抽象的な「方向目標」であり、できるのが望ましい内容を示していた。そこで、できるだけ行動の水準まで具体化された「行動目標」とすることが望まれた。その結果として、新しい学習指導要領では内容項目の文末がすべて「～こと。」という表現に改められた。ただし、この文章表現でも何を具体的に育成したいのか、どうやって評価する

のか分かりにくさは残る。そこで、内容項目の文末を「～できるようにする。」という表現にし、資質・能力を育成するという明確な目標を打ち出すことも検討すべきだろう。こうした具体的な行動目標とすることで、育成すべき資質・能力が明らかになり、妥当性や信頼性のある評価に結びつけることができる。

1. 内容項目の変更

　平成20年の学習指導要領までは、内容項目を「1　自分自身に関すること」「2　他の人との関わりに関すること」「3　自然や崇高なものとの関わりに関すること」「4　集団や社会との関わりに関すること」の4視点で分類している。この分類は子どもにとっての対象の広がりや道徳性の同心円的な発達と関連づけると、視点の3だけ特異であり整合性がなかった。

　そこで、4つの視点の意義を明確にするとともに、その発展性を適切なものにするために、視点の3と4を入れ替え、①自分から、②他の人、③集団や社会、④自然や崇高なものへと展開する流れに改めた。

　結果的にいえば、学習指導要領の内容項目は、「A　主として自分自身に関すること」「B　主として人との関わりに関すること」「C　主として集団や社会との関わりに関すること」「D　主として生命や自然、崇高なものとの関わりに関すること」の4視点に分類し直された。内容項目の合計は、小学校第1・2学年で19項目、第3・4学年で20項目、第5・6学年で22項目、中学校では22項目ある。

　中教審ではこれまで「自然、崇高なもの」と一緒に視点の3に入っていた「生命尊重」は、「自分の生命」「他者の生命」「集団や社会の生命」というように広範な領域に渡り、全体の基礎となる内容であるため、視点のAの前に独立して置くことも検討された。しかし、この構成では第一の視点だけ突飛で全体のバランスが崩れてしまうため、最終的には従来と同様に「生命や自然、崇高なもの」が合体され最後の項目に提示されることになった。

　こうした指導内容は、どれも均等に取り扱うよりも、子どもの発達段階や特性、取り巻く環境の変化などを踏まえて重点化した方が効果は高まる。特に、

今日の子どもの道徳的課題と見なされている「生命を尊重する心」、「他を思いやる心」、「自立心や自律性」を育成することは、繰り返し授業を行うことで定着し効果が出てくる。
　また、規範意識を高めるために、法やきまりの意義に関する理解を深め（法教育）、主体的に社会の形成に参画する意欲と態度を養い（シティズンシップ教育）、我が国の伝統と文化に対する理解を深め、国際社会に生きる日本人としての自覚を身につけることも重視されている。
　さらに、内容項目に示された道徳的価値をキーワードとして打ち出し、より体系的で効果的な示し方を工夫することになった。従来のように視点の番号だけで、例えば2-(3)のように無味乾燥に示すのではなく、「友情、信頼」のようにキーワードを前面に出して有意味に示すのである。その方が、学校現場の教師だけでなく保護者や地域の人々にも理解しやすいし使いやすいと考えられたからである。このキーワード数は少なくとも小学校で38個以上、中学校で42個以上もある。
　筆者としては、こうした40前後のキーワードを並べ立てるだけでなく、それらを包括する重要な概念を7～8個に絞り込んで、我が国の核心価値（コア・バリュー）として設定することを中教審で提案している。例えば、自立、克己心、思いやり、寛容、正義、公徳心、生命尊重、畏敬の念などである。これらは現行の指導要録にある「行動の記録」と関連づけて評価することもできる。しかし、これほど根本的な改革は、時期尚早ということで実現には至らなかった。ただし3章以降で詳述するように、人格教育を取り入れているアメリカをはじめ、シンガポール、韓国、オーストラリアなどでは、こうした核心価値を絞ることでナショナル・アイデンティティを形成し、功を奏している。
　そもそも重要な道徳的価値としてキーワードが20以上もあれば、どれが大事か分かりにくいし、1年に1度か2度くらい学習しても印象に残らない。キーワードを7～8個に絞れれば、教師だけでなく子どもや保護者にも簡単に覚えてもらえ、重点的に道徳的実践もしやすいという利点がある。

2．重点項目の扱い

　道徳教育を進めるに当たっては、指導内容の重点化を図ることが大切である。重点項目を指導計画に反映させるためには、校長をはじめ道徳教育推進教師が全体計画や年間指導計画を調整しながら、道徳教育を他の教育活動に関連づけ、道徳科において発展的・総合的な指導を行うことが求められる。特に、重点項目については繰り返し指導を行うなど、子どもの実態や学校の実情に応じた効果的な指導計画を作成する必要がある。

　どのような内容を重点的に指導するかについては、各学校において子どもの実態や学校の実情を踏まえ工夫するものであるが、社会的な要請や今日的課題についても考慮する必要がある。これらと合わせて、人間としての生き方について理解を深めることは、全学年を通じ、学校教育のあらゆる機会をとらえて、すべての内容項目とかかわるように配慮しながら指導することが求められる。

　新しい学習指導要領によると、小学校の段階では各学年を通じて、「自立心や自律性、生命を尊重する心や他者を思いやる心を育てることを共通の重点内容として押さえる。そして各学年の段階において重点内容がある。例えば、基本的な生活習慣、善悪の判断、社会生活上の決まりを守ること、法やきまりの定義、伝統と文化の尊重、我が国と郷土を愛することなどの指導内容を取り扱っている。中学校の段階でも、小学校の重点項目をさらに発展させて、自立心や自律性を高め、規律ある生活をすること、生命を尊重する心や自らの弱さを克服して気高く生きようとする心を育てること、法やきまりの意義に関する理解を深めること、自らの将来の生き方を考え主体的に社会の形成に参画する意欲と態度を養うこと、伝統と文化を尊重し、それらを育んできた我が国と郷土を愛するとともに、他国を尊重すること、国際社会に生きる日本人としての自覚を身につけることなどが挙げられている。

　さらに、現代的課題をもっと積極的に取り入れることが求められている。例えば、情報モラル、生命倫理、環境保全（持続可能な社会ESD）などの今日的課題の扱いを充実させすることである。新しい学習指導要領には、第3章3

－2－(6)で現代的な課題の一例として、「社会の持続可能な発展など」（小学校）、「科学技術の発展と生命倫理との関係や社会の持続可能な発展など」（中学校）を載せている。

こうした課題に関しては明確な答えが出ないもの、一つに答えが絞られないものも多いため、偏った価値観の押しつけとならないように、広い視野から多面的・多角的に考えられる内容にする必要がある。こうした現代的な課題は、先の懇談会や中教審において強調されてきた「シティズンシップ教育」や「法教育」とも関連づけながら検討すべきである。

こうした道徳科の指導内容は、学校の教育活動全体で取り組むべき課題ではあるが、道徳科とそれ以外の各教科等において求められる取組との相違が明確になるよう示す必要はある。その意味で、これまで重視されてきた専門用語はより分かりやすく書き改める必要があった。

例えば、これまで学習指導要領において重宝されてきた「補充・深化・統合」という表現は、学習指導要領の第3章第3－2－(2)では以下のように示されている。「各教科、総合的な学習の時間及び特別活動における道徳教育としては取り扱う機会が十分でない内容項目に関わる指導を補うことや、児童生徒や学校の実態等を踏まえて指導をより一層深めること、内容項目の相互の関連をとらえ直したり発展させたりすることに留意すること」。

とかく観念的で難解になりがちな道徳教育の専門用語をなくし、誰にでも（教師のみならず保護者や地域の人々にも）理解しやすく活用できる表現に改め、学校現場で広く活用されるようにすることが求められたのである。

3節　道徳科の指導方法

1．多様で効果的な指導方法の導入

今回の改革で最も注目されたのは、やはり道徳科の指導方法の改善であろう。文部科学省のプレス発表でも、「読む道徳」から「考える道徳」への転換と銘打ち、教師が価値観を押しつけるのではなく、子ども同士が考え合い議論し合

う問題解決的な学習や体験的な学習を取り入れることが強調されている。

　従来の道徳授業は、画一的でマンネリ化しており、実効性が上がらないという批判が多かった。学校現場では道徳授業といえば、読み物資料を読んで、登場人物の気持ちを追認しながら、道徳的価値の自覚を深めるというスタイルが一般的であった。こうした画一的な道徳授業が十年一日のごとく繰り返される一方で、実際の学校現場における子どもの生活態度や問題行動には改善の効果が見られないことが多かった。そのため、道徳授業には実効性がないと見なされ、道徳科においてもより多様で効果的な指導方法を積極的に導入することが求められてきたのである。

　そもそも子どもは日常の生活のなかで興味や関心をもって物事に取り組み、さまざまな問題を解決しながら成長していく。その際、道徳に関する知識や技能を活用したり、自他の考えや気持ちを理解して人間関係を調整したり、実際に道徳的行為を経験したりするなかで道徳的価値を体得していくものである。そうした一つひとつの道徳的行為を積み重ね、確かな道徳的習慣を形成し、豊かな人格を完成させていくプロセスこそ、道徳教育では重視すべきであろう。

　こうした考えは、道徳教育の根本理論であり、普遍性を有する。しかし、我が国の道徳授業は、戦後のイデオロギー闘争のなかで独特の観念論的な枠組みで構成され、経験的な原理原則を失っていった。今日、道徳も教科化されることでようやく正当な理論に則って指導方法が開発されてきたといえよう。

　上述したように道徳科では、「道徳性の育成」という目標や指導内容に対応させて、子どもの発達の段階を踏まえた指導方法に改善する必要がある。その際、道徳の内容をただ理解するだけでなく、それに関する問題を主体的に考え判断する資質・能力を確かに育成できる指導方法が求められる。そこでは、子どもがしっかりと課題に向き合い、教師と語り合い、子ども同士で話し合い、内省を深めていくことが大事になる。そのため、道徳でも対話や討論など言語活動を重視した指導が求められる。ねらいの達成に向けた言語活動や表現活動を充実させて、子どもが自ら考え、主体的に判断し、表現することが重視されるのである。

2．内省を深め目標を見いだす工夫

　もともと教育基本法の第6条第2項には、「教育を受ける者が、学校生活を営む上で必要な規律を重んずるとともに、自ら進んで学習に取り組む意欲を高めることを重視して行われなければならない」とある。また、学校教育法第30条第2項には「主体的に学習に取り組む態度を養うことに、特に意を用いなければならない」とある。こうした諸点を踏まえ、道徳科でも子どもが意欲的かつ主体的に内省を深め、目標を見いだすように工夫することが重要になる。

　道徳科の授業では、子どもが道徳に関する内容を学び、考え、話し合い、道徳性を養うなかで、これまでの自分の人生を振り返り、自分の成長を実感することが大事になる。例えば、子どもが道徳科の授業を通して自他の理解を深め、他者に対する寛容で広い心をもつようになり、年下の子どもや高齢者にも親切な行為を自発的にできるようになることで、自らの成長を実感することがある。

　また、子どもが道徳科の授業のなかで、ねらいとする道徳的価値を視点に子どもが自らを振り返って、まだ十分には達成されていない課題やこれから挑戦してみたい目標を見つけられるように支援する必要がある。例えば、考えの合わない相手に一方的な言い方をして、人間関係を悪化させたとする。そうした問題状況を振り返って、子ども自身が「あのときどう言えばよかったか」「これからどうすべきか」について考え、自らの課題や目標を主体的に設定し、適切に取り組めるようにすることが重要である。

　さらに、子どもが学んだ道徳的内容を自らの過去や将来の生活と関連づけ、これからの課題や目標を見つけることができるように工夫することが必要である。例えば、先人や偉人の生き方から自主・自律の精神を学び、子どもが自分の学校生活を振り返って、自律的に行動できなかった点を見いだし、今後の課題とすることができる。

　この点では、国内外で活躍している先人や偉人の生き方から、個性の伸長や真理の探究の精神を学んで、自分らしさを発揮して真理をどこまでも探究していく創造的な人物になろうという目標を見つけることもできる。

3．子どもが主体的に学習に取り組む工夫

　道徳科の授業は、教師が特定の価値観を子どもに押しつけたり、指示通りに行動するよう求めたりするような時間ではない。子ども自身が主体的に自ら多面的・多角的に考え、主体的に判断し、道徳的行為をするような資質・能力を育むことができるような時間にすべきである。

　そのためには、道徳科の目標や指導のねらいを明らかにして、子ども一人ひとりが見通しをもって主体的に考え、学ぶことができるようにする必要がある。また、道徳科の目標と指導内容との関係を明確にして取り組み、道徳的な内容を学ぶことの意義を理解させたり、学んだことを振り返らせたりする指導が重要である。その際、後述する「問題解決的な学習」や「体験的な学習」などを取り入れ、子どもが道徳的な内容に興味・関心をもち、自分の判断や生き方とかかわらせながら学習を進めていく態度を身につけられるようにすることが重要である。

　子どもは道徳性が発達するにつれ、自分の考え方や生き方を主体的に見つめ直し、人間としての生き方・あり方について考えを深め、自分自身の人生の課題や目標を見つけようとする傾向が強まる。そこで、道徳科では、子ども自身が人生の課題や目標に向き合い、道徳的価値を視点に自らの人生を振り返り、これからの自己の生き方を主体的に判断するとともに、人間としての生き方・あり方について理解を深めることができるよう支援することが肝心になる。

　こうした意味合いで、道徳科では各教科に先駆けてアクティブ・ラーニングを導入することになる。こうした子ども同士が主体的に学び合い、道徳的問題の解決に向けて協働する能動的な学習は、他教科等とも共通する学習スタイルである。また、互いの存在を尊重し合い、認め合う小グループ学習（4人一組）を授業に取り入れることは、自尊感情や自己肯定感、他者尊重、思いやり、相互理解、寛容などの道徳的価値を実践することにもつながる。

4．よりよく生きる力の育成

　子どもは自らの長所や短所をある程度まで自覚するようになり、自分の弱さや人間としての弱さを素直に認めて受容できるようになる。しかし、それをそのまま容認して諦念するのではなく、人間には自らの弱点や短所を克服して、自らの強みや長所をさらに伸ばし、よりよく生きることができるたくましさやすばらしさがあることも理解できるようにもなる。

　そこで、こうした人間として生きることに喜びを見いだし、現在の自分の弱さや限界を乗り越え、誇りある人間らしい生き方に近づくことができるようになる学習が望まれる。こうした道徳科の学習では、教師が子どもに対して特定の価値観を教え込むのではなく、教師と子どもがともに人間の弱さを見つめ合い、考え合ったうえで、夢や希望などをともに語り合うような学習スタイルが大切になる。

　その際、先の答申では、指導のねらいに即して「道徳的習慣や道徳的行為に関する指導」「問題解決的な学習」「体験的な学習」を導入するよう推奨している。新しい学習指導要領でも、「問題解決的な学習、道徳的行為に関する体験的な学習等を適切に取り入れる」ことが明記されている。各教科や領域では、すでに問題解決的な学習や体験的な学習を有効に活用することが重視されてきたが、道徳科でも従来の画一的な指導方法にとらわれることなく、問題解決的な学習や体験的な学習等を積極的に取り入れて、授業の活性化を図り、実効性を高めるべきである。

　その際、子どもの発達の段階や特性等を考慮したうえで、自己の生き方や人としての生き方・あり方について多面的・多角的に考え、話し合いや討論することを通して、主体的かつ自発的な学習を展開できるように創意工夫することが求められる。

5．問題解決的な学習の活用

　問題解決的な学習は、子どもが互いに意見を尊重し、協働してよりよき生き

方を探究するためにきわめて有効である。筆者もこれまで常々、子ども自身が道徳的問題について考え、どうすべきか主体的に学び考え判断し、具体的な解決策を検討するような「問題解決型の道徳授業」が重要だと主張してきた。そうした学習こそが現実的な問題状況における道徳的行動や習慣形成につながり、ひいては子どもの生きる力の育成や人格の完成にも影響を及ぼすからである。

　これまでの道徳授業に実効性が欠けていたのは、登場人物の気持ちを共感的に理解できても、「自分ならばどう行動するか」「人間としてどう行動すべきか」についてはなかなか考えが及ばず、現実的な問題に応用する能力を育成することが難しかったからである。いくら道徳的価値について学んでも、実際の道徳的な行為や習慣につなげられなければ、人格の形成に何の影響も与えないのは当然である。

　そこで新しい道徳科の授業では、指導のねらいに即して問題解決的な学習を取り入れ、子どもの興味・関心を生かし、自ら課題や問題に取り組み、多面的・多角的に考え、主体的に判断し解決できるように工夫することが有効である。例えば、道徳的問題を具体的に示したあとで、「登場人物はどのようにしたらよいか」「自分ならばどのようにするか」「人間としてどう生きるか」等について多面的・多角的に考え、主体的に判断し、人間としての生き方・あり方について考えを深めることができる。

　その際、自分の考えを発表したりワークシートに書いたり互いの意見を交流したりすることで、よりよい解決策を協働して探究することもできる。こうした問題解決的な学習は、子どもの学習意欲を喚起するとともに、道徳的な判断力や心情を育成することに有効である。こうした学習を通して、子ども一人ひとりが生きるうえで出会うさまざまな問題や課題を主体的に解決し、よりよく生きていくための資質・能力を養うことができる。

　このことは、いじめ問題に対応する道徳授業であれば、なおさら重要である。どれほど立派ないじめ対策の道徳授業をしようと、その後もいじめや校内暴力が続いているようでは実効性がない。実際にいじめ問題をどう解決するかを当事者の立場から考え、その防止や解消につなげる授業にすべきである。

また、今日的課題として、例えば情報モラル、生命倫理、環境倫理（持続可能な社会ESD）等は、情報化やグローバル化の進展によって問題の状況が複雑であり、時には答えが一つではない場合や特定の答えを決めかねる場合もある。こうした緊急性がありながら答えの出しにくい現実的な問題には、子ども自身が主体的に考えるとともに、皆で学び考え協働して探究し合い、実行可能な対応策を創り出すような問題解決的な学習が有効である。

　こうした問題解決的な学習は、5節で述べるように道徳的問題をパフォーマンス課題として設定して、子どもが問題解決する学習過程についてパフォーマンス評価したり、その学習成果をまとめてポートフォリオ評価したりすることもできる。

6．体験的な学習の活用

　道徳授業でより実効性を高めるためには、指導のねらいに即して、実際の道徳的行為に関する体験的な学習を取り入れることが大事になる。ここではコミュニケーションにかかる課題を提示して、具体的な動作や所作のあり方について話し合う学習ができる。例えば、道徳的な問題場面を想定して、どのように行動したらよいかについて考え、その解決策を役割演技（ロールプレイ）で行うなかでその是非について考えを深めることができる。

　また、授業で実物を用いたり実体験をしたりすることで実感を深めることもできる。例えば、導入や展開の一部で、車椅子に乗る体験をしたり、目隠しをして歩いたりすることで身体の不自由さを体験的に理解することもできる。

　さらに、礼儀作法やマナーに関する学習は、動作や所作を具体的に理解したうえで、それを体験的に学習することも有効である。特に、伝統的な礼儀作法やマナーについては、「どうすべきか」をやみくもに話し合うよりも、まず基本的な知識や技法を理解したうえで、実際のさまざまな場面を想定して、シミュレーション型の体験的な学習を自分でも行ってみることで習得できる。

　ただし、道徳科の授業に体験的な学習を取り入れる際には、単に活動を行って終わるのではなく、子どもが体験を通じて学んだことを振り返り、その意義

について考えることが大切である。体験的な学習を通して道徳的価値の理解を深め、さまざまな課題や問題を主体的に解決するための資質・能力の育成に資するように十分に留意する必要がある。

　こうした問題解決的な学習や体験的な学習は、子ども一人ひとりのその後の学習や生活において生かされ、総合的に働くようになる。こうした学習活動を経て、子ども自身がものの見方や考え方を確立できるように支援することが大切になる。

7．特別活動等の体験活動との関連づけ

　道徳教育の実効性を高めるためには、道徳科の授業で学ぶことを実際の日常生活と関連づけることが大切である。特に、特別活動等の体験活動を道徳的実践として省察する経験が貴重になる。この場合、道徳授業の前に体験した活動を振り返るパターンと授業後に体験活動を行うパターンがある。

　前者のパターンは、道徳授業の前に特別活動をはじめ、総合的な学習の時間、各教科等において多様な実践活動や体験活動を行っておき、道徳授業のなかでそうした活動に含まれる道徳的価値の意義を深く実感するものである。事前に子どもの実態把握をするうえでも体験活動と関連づけることは大切である。

　例えば、集団宿泊活動、自然体験活動、運動会・体育祭、修学旅行、職場体験活動、奉仕体験活動などの豊かな体験を道徳的実践としてとらえておくことができる。そして、子ども一人ひとりが学校や学級の一員として活動した経験をもとに、自分の役割と責任について自覚を深めた体験を道徳授業の導入や展開部で振り返るのである。また、朝夕の登下校や給食時、掃除、休み時間等の出来事、あるいは家庭や地域社会での出来事などを取り上げ、道徳的価値と関連づけて授業中に省察することも有意義である。

　後者のパターンは、道徳授業で育成した道徳性（道徳的な判断力、心情、実践意欲、態度）を実際の日常生活に活用するものである。この点は、これまで学習指導要領の解説書でもあまり重視されてきていない。しかし、道徳の授業中にどれほど道徳的価値を深めても、その後の行為や習慣に結びつかなければ、

畳の上の水練にすぎず、実効性が高まらないのは当然である。道徳授業をしたあとにそこで習得した道徳的価値（観）に基づいて道徳的行為を経験することこそが、本物の道徳性を養い、人格の形成によりよい影響を及ぼすのである。

　例えば、道徳科の授業で公共の精神を高めたのちに、特別活動等で地域の清掃活動やボランティア活動を道徳的実践として行うことができる。また、道徳科の授業で思いやりの心を養ったあとに、幼児や高齢者のいる施設を訪問して実際に交流を図ることもできる。体験活動を義務や強制で行うのではなく、自発的で意識的な道徳的行為として行うことが大切なのである。

　このように道徳授業と体験活動を関連づける場合は、子どもの発達段階を考慮しながら年間指導計画を立て、道徳的実践の場を有効活用できるように留意する必要がある。

8．複数の内容項目と関連づけた指導

　従来の道徳授業は、ねらいとする内容項目に拘束されて、一単位時間につき一つの内容項目に限定することが多かった。そのために、単一の道徳的価値に拘束された資料が作り出され、教師が授業の終末でねらいとする道徳的価値に強引に結びつけるような展開も少なからずあった。

　例えば、野口英世や田中正造のような偉人の物語を取り上げる際も、「不撓不屈」や「人類愛」という一つの道徳的価値に限定してしまい、その人物的な魅力や偉大さ、波乱万丈な生涯をとらえ損なうことにもなったのである。

　また、従来の道徳授業では一つの内容項目に限定されるため、文学作品やモラル・ジレンマのように複数の道徳的価値が錯綜する資料を扱うことが困難であった。例えば、「正義」を重視した価値観と「思いやり」を重視した価値観が矛盾したり対立したりする資料があったとする。そこで、教師が単に「正義」に関連した内容項目をねらいに設定して「正義」だけを重視した授業展開をし、「思いやり」の方を切り捨てたとすれば、授業としては成功しても、道徳教育としては失敗するだろう。これでは子どもの多様な道徳的価値観を尊重したことにはならず、教師や資料作家の価値観を子どもに押しつけることにな

ってしまうからである。こうした授業で子どもが「おもしろい」「ためになった」「自分もそうしたい」とはとうてい感じないだろう。

それに対して、新しい道徳科では複数の内容項目を関連づけた指導を行うことや、一つの内容項目を複数の時間で扱うような指導を行うことも推奨される。子どもの発達段階が上がるにつれて、それぞれの問題状況に柔軟に対応して、多様な道徳的価値観を自由に交流させ、相互に尊重し合うような授業展開も必要となるのである。

4節　道徳科における道徳的行為・習慣の指導

今回の中教審答申や新しい学習指導要領において、道徳科の授業でも子どもの道徳的行為や習慣に関する指導を行ってもよいと認めたことは画期的なことである。戦後、我が国の道徳授業は、実際の道徳的行為や習慣に関する指導をしなくなったことで実効性がなくなっていった。これまで道徳授業で道徳的行為や習慣の指導をしなくなった理由は、さまざま考えられる。

一つには、戦前・戦中の修身教育において、子どもに道徳的行為（愛国的行動）を強制するような指導があったことに対する反省・反動からである。戦前の修身科と戦後の道徳授業を厳然と区別するために、戦後の道徳授業では子どもの行為や習慣について直接的に指導することをタブー視してきたのである。

確かに、戦前の修身教育における極端な愛国的行為の押しつけは否定すべきであろう。しかし、だからといって今日のような平時において子どもの道徳的な成長を促す行為や習慣の指導まですべて禁止してしまうのは行きすぎであろう。

次に、道徳授業はすぐに効果の出るものではなく、漢方薬のようにジワジワと効果が出るものだといわれてきたことがある。道徳授業は「即効性」を求めるものではなく、近い将来、あるいは10年後、20年後に効果が出ればよいとされてきた。そのため、道徳授業の効果については科学的に検証されることもなく、たとえ実効性がなくとも、惰性で画一的な指導を続けてきた面がある。

例えば、道徳授業で「友情」や「思いやり」について学んだあとでさえ、す

ぐに子ども同士で人間関係のトラブルが生じ、いじめに発展することがある。それでも、道徳授業の効果は、いつかどこかで現れればよいとされ、現実の問題行動に対応できなくともよいとされてきたところがある。しかし、大津市の道徳教育推進校だった中学校で男子生徒がいじめで自殺した事件が起き、社会問題化したことで、事態が一変した。やはり、道徳授業でも現実の問題行動にきちんと対応できるような指導を行うべきであるという気運がようやく高まったのである。

　第三に、道徳の行為や習慣まで指導すると、「子どもが嫌がる」「子どもがかわいそう」という意見もある。実際、非現実的な道徳的行為をした人物のフィクション（作り話）を示して、それを模範として行動するよう求められたら、子どもの方も困惑するであろう。また、「弱者が窮地に陥ったとき、自分の生命や財産を犠牲にして救済した」という偉人の話は立派だが、そうした行為を子どもにも求めるのは無理がある。

　そもそも道徳授業で教わったことをそのまま行動すると危険な場合もある。例えば、「暴漢と戦う」とか「災害現場で人命救助する」などは立派な行為だが、実際に子どもがそのまままねするとケガをする恐れもあるだろう。

　ただそれでも、そうした道徳的な話を参考にして、人間としての生き方を考え、自分なりに将来の行動目標に結びつけることは穏当なことだろう。大事なのは、ある道徳的行為を子どもに強制することではなく、子どもがその道徳的行為の意味や因果関係や道徳的原理・原則を理解し、日常生活の可能な範囲で適切に活用・応用していくよう促すことである。

　最後に、道徳授業が特別活動や生徒指導と峻別されてきた点が大きい。これまで道徳授業で具体的な行為や習慣に関する指導をすると、「それは特別活動（学級活動、総合）の時間にやるべきことだ」「いじめなどの問題行動は生徒指導で対応すればよい」と批判されることがよくあった。そして、道徳授業に実効性がなくとも、何の問題もないとされてきた。

　そうした誤解を解くために、中教審の答申ではわざわざ道徳授業で「道徳的習慣や道徳的行為に関する指導」を行ってはならないわけではないことを明記

したのである。道徳授業で問題行動の予防のみならず、その対応の仕方をも指導できることは、決して不可能ではない。「このような行動をせよ」と教師の価値観や行動原理を押しつけるような授業ではなく、「どのように行動すればよいかを皆で考えよう」と促す問題解決的な学習をすればよいのである。

　従来の道徳授業では、模範的な行動を示した資料を読ませ、子どもに過去の言動を振り返らせ、自らを反省（時に懺悔）させることで道徳的価値を教え込もうとする傾向があった。そこでは、すでに起こった過去や現在の問題行動に目を向けて自責の念をかき立てるだけで、将来の望ましい行為や習慣について考え実践しようとすることは少なかった。しかし、今後の道徳授業では、道徳的行為や習慣について皆で問題解決的な学習を行い、過去や現在の生活を振り返るとともに、将来の生き方を展望することも大事になるのである。

　ただし、こうした新しい道徳科の指導方法に関して一つ留意しておきたいことがある。それは今回の中教審答申や新しい学習指導要領では、各種のスキル・トレーニングやアサーション・トレーニング等をそのまま道徳授業に取り入れるよう推奨しているわけではないということである。中教審答申や学習指導要領では、あくまでも指導のねらいに即して、道徳授業のなかに「役割演技やコミュニケーションに係る具体的な動作や所作のあり方」を取り入れたり、「体験的な学習」を活用したりするよう奨励しているにすぎない。それにもかかわらず、今後の道徳授業において指導内容を無視したようなスキル・トレーニング等だけ行おうとするのは間違いであろう。

　また、ここで示された道徳科における「体験的な学習」と特別活動等における「体験活動」は、全く似て非なるものである。集団宿泊活動や奉仕活動のような「体験活動」そのものは、従来通り、特別活動等で行うべきである。それに対して、人間関係の問題解決を役割演技で行ったり、場面に応じた具体的な所作を行ったりする「体験的な学習」は、道徳授業でも取り入れるべきである。そして、道徳科で「体験的な学習」を取り入れる場合でも、さまざまな課題を主体的に解決するための資質・能力を育成することが、授業の目標であることを肝に銘じておく必要がある。

5節　道徳科の評価方法

　道徳科に評価を導入することに関しては、世間でも賛否両論あるように、中教審でも多くの熱い議論が行われた。

　道徳科に評価を導入することに反対する理由はさまざまある。例えば、「子どもの心を評価することはできない」「教師の価値観で子どもを評価するべきではない」「戦前の修身教育のように評価すべきではない」などという見解がよく聞かれる。多様な価値観を尊重し合う市民社会を形成するためには、国家の価値観や教師の個人的な見解を子どもに押しつけてはいけないという理由づけである。

　その一方で、教育現場からは、「道徳を記述式で評価するのは面倒だ」「評価に対して保護者からクレームがくるかも」という率直な声も聞かれる。確かに道徳科で評価をすることになれば、その授業の結果に関する説明責任を求められるため、従来のように「年間指導計画だけ作成してすませる」「実際は他教科や特別活動などにすり替えてしまう」というわけにはいかなくなる。そうすれば、教師の負担が増え、多忙化に拍車がかかる点も懸念される。

　しかし、以上を鑑みても、道徳科が正規の授業として行われる以上は、実効性を確保するために適切な評価を導入することが求められる。その際の評価は、教師が個人的な価値観で子どもの道徳的な欠点や弱点を非難するようなものではなく、子ども一人ひとりのよさを認め、道徳性にかかわる成長を促すようなものにする必要がある。そして、子ども一人ひとりが自らの現状や目標を見据え、道徳を学習する重要性を認め、学習意欲を高め、今後の生活習慣や行為をよりよくするような評価とすべきである。

　次に、道徳授業を改善するためにも評価は必要である。担任の教師が作成した道徳授業の目標や計画がどのような成果をもたらしたか、指導内容や方法がどれほど有効に機能したか、今後どこをどのように改善すべきかを知るためにも、評価は大事なものとなる。そもそも従来の道徳授業は、目標に準拠した評価をしっかり行わなかったために、その成果を検証する術がなかった。そのた

め、教師も道徳授業のやりがいがなく、実際の授業の実施率も低下し、道徳教育の形骸化を招いたともいえるのである。

　ただし、先の中教審答申や新しい学習指導要領でも、評価は子どもの人格にかかわるものであるため、個人内の成長過程を重視し、「数値などによる評価」は、今後も行わないことになった。そのうえで、道徳科の評価は、各教科と同様に、目標を踏まえ、指導のねらいや内容に照らして記述式で行うことになった。

　そのためには、従来から重視されてきたように、児童生徒の作文やノート、質問紙、発言や行動の観察、面接などさまざまな方法で資料等を収集することがまず大事になる。そのうえで、上述したように効果的な指導方法として「問題解決的な学習」や「体験的な学習」を取り入れ、各教科のように観点別に多面的に評価することが有効になるだろう。

　こうした多様で効果的な道徳授業を評価するためには、子どもの思考、判断、表現などを評価するパフォーマンス評価が推奨される。また、子どもが道徳のワークシートなどに学習の過程や成果などを記録していくポートフォリオ評価も子どもの道徳的な成長の軌跡を認めるうえで有効である。さらに、道徳の学習に関する意欲・関心・態度などでは、子ども自身の自己評価を尊重する必要もある。

　もちろん、子どもの道徳性は、一人ひとりさまざまに変容し成長するものであり、時・場所・状況などに応じて変化するものである。そのため、子どもの道徳性の評価については、多面的、継続的に把握し、総合的に評価していく必要がある。子どもの道徳的な成長については中長期的に見守り、努力の積み重ねを認め励まし、さらに意欲的に取り組めるような評価にするとともに、その課題を一つひとつ明確にして、今後の指導の充実を図ることが求められる。

　今後、道徳科を教育課程上に位置づける際に、その目標に照らして学習状況や成長の様子などを文章で記述するための専用の記録欄が設けられる。「数値等による評価」はできないが、上述したように子どもの学習状況や道徳性にかかわる成長の様子を記述式で示すことは十分にできる。

ただし、この種の評価が導入されると、模範例文を切り貼りしたような記述式評価が横行することになるだろう。そうした一般的な例文は無難な表現ではあるが、個別の子どもの姿とは乖離しているため、子ども本人にも保護者にも受けが悪い。できるだけ子どもたちの成長や努力する過程を見届け、担任教師の言葉で個別に対応することが求められる。

　また、学校の教育活動全体を通じて行う道徳教育についても別に評価を行う必要がある。道徳教育の成果として行動面に表れたものを評価することについては、現行の指導要録の「行動の記録」を改善し活用することになる。

　現行の「行動の記録」の評価項目は、「基本的な生活習慣」「健康・体力の向上」「自主・自律」「責任感」「創意工夫」「思いやり・協力」「生命尊重・自然愛護」「勤労・奉仕」「公正・公平」「公共心・公徳心」の10項目がある。こうした「行動の記録」は、明らかに道徳的価値を並べたものであるが、これまで道徳教育は数値など（○や△印を含む）で評価できないため、特別活動や生徒指導として評価されてきた。しかし、これからは道徳教育でも子どもの行為や習慣について責任ある指導をする以上、それを「道徳の記録」として評価することを検討すべきであろう。今後、道徳科を評価する欄と道徳教育全体を評価する「行動の記録」とを結びつけた総合的な評価をすることが望まれる。

　そのほかに、道徳教育の評価は、学校教育全体の評価と関連づける必要がある。そのためには、教師だけでなく、子ども、保護者、地域の人々が教育活動のさまざまな場面や実績を総合的に評価すべきである。各種の学校評価の項目に道徳教育の取り組みを入れて、定期的に教育実践の成果を振り返り、その改善を図ることが求められる。

6節　道徳科の課題と展望

　以上のように、道徳科が教育課程上に正式に位置づけられることで、道徳授業は教科としてのかたちが整えられ、有意義で効果的に改善される可能性が高まった。その際、道徳教育と道徳授業がともに「道徳性の育成」を目指すことの意義を理解し、現代的な課題にも対応できる指導内容とし、指導方法として

新たに「問題解決的な学習」や「体験的な学習」などを（他の教科等と同様に）導入し、さらに目標に準拠した評価を行うことが肝心になる。

このように道徳科は多様化し柔軟化するが、それを有効に機能させるためには、各教科と同様に目標、指導、評価を理論的にも実践的にも一体化することが望まれる。そのうえで、道徳科を各教科、特別活動、総合学習等の特性に応じて関連づけ、学校の教育活動全体を通じて計画的・系統的に指導することが重要になる。

こうした改革を成功させるためには、教師の意識改革が大切になる。そのためには、道徳科に対応する新しい教員養成課程や教員研修を確立することが求められる。より充実させるためには、道徳科の専門免許を（中学校だけでも）早急に設けることである。概して新しい指導方法が導入されると、「分からない」「難しい」といわれて敬遠されることもある。しかし、そもそも専門の教科でやさしく簡単な指導法などないであろう。道徳科専門の養成課程で指導内容や方法を習得できる制度設計が必要である。

また、指導方法に関しては、中教審答申にもあるように、実際の授業を撮影したDVDなど視聴覚教材を積極的に開発して分かりやすく提示すべきである。道徳科の授業ができない教師に合わせて指導方法を低レベルに設定するのではなく、ハイレベルに引き上げるための教員研修こそが大事になる。

道徳教育の実効性を高めるために、こうして道徳科の目標、指導内容、指導方法、評価方法で方針の転換が行われた場合、従来のやり方に慣れていた学校現場では、戸惑いを感じたり混乱が生じたりするかもしれない。しかし、こうしたことは道徳教育の充実を目指した改革の過渡期には避けられない「産みの苦しみ」である。我が国の教員研修は非常にレベルが高いため、いずれ他国の道徳教育と対等以上の21世紀型の道徳教育を創出することができるだろう。

そのためにも、学校現場の教師と大学の研究者と教育行政の担当者が連携・協力しながら効果的な道徳授業を粛々と開発・実践・省察し続け、子どもたちの「真の生きる力」を育む教育実践を多様に積み重ねていきたいものである。

第2章
いじめ問題に対応する道徳教育の開発・実践

はじめに

　今日、学校のいじめは社会問題化している。安倍政権下の教育再生実行会議では、2013年3月の第一次提言において、「いじめ問題等への対応」を喫緊の課題として取り上げ、「道徳を新たな枠組みによって教科化し、人間性に深く迫る教育を行う」ことを提言している。また、同年9月28日にはいじめ防止対策推進法が施行され、いじめへの対応と防止について学校や行政等の責務を規定した。

　こうした教育行政の流れは、周知のように、何度も繰り返される深刻ないじめ（自殺）事件が契機になっている。特に、近年では2011年10月に起きた滋賀県大津市内の当時中学2年生いじめ自殺事件が社会的に問題視されたことと深く関連している。

　こうした動向に先立って岐阜県可児市では、2012（平成24）年10月3日に「子どものいじめの防止に関する条例」を日本で初めて施行し、いじめ防止は社会全体で取り組む重要課題であるととらえ、その対策を講じた[1]。具体的には、子どもが学校で安心・安全に生活し学習に取り組めるように、市と学校がいじめ防止の啓発と人権教育に取り組み、子どもの生活状況を把握したうえで、子どもが安心して相談できる体制を築いた。こうしたいじめ防止の取り組みを学校の道徳教育にいかに結びつけるかが次の課題となってきた。

　全国的に見ても、いじめ防止教育は徐々に広がりつつあるが、生徒指導や特別活動に結びつけて行われることが多く、なかなか道徳教育に結びつける実践は少ないのが現状である。ここで先行研究として行われた国内外のいじめ防止

教育プログラムに目を向けたい。例えば、国内での先進的な取り組みとして、新潟県教育委員会、北海道教育委員会、岡山県教育委員会、江戸川区教育委員会、鳥取市教育委員会、藤沢市教育委員会などがいじめ防止（予防）に関する教育プログラムを開発・実践している。鳴門教育大学の開発した「いじめ予防を目的としたユニバーサル予防教育」では、教育目標を設定し、教育実践の効果をエビデンスで検証する試みをしている[2]。

　国外では、ノルウェーのオルヴェウス（Dan Olweus）が開発したいじめ防止プログラム[3]やイギリスでスミスとシャープが取り組んだいじめ予防の実証的研究が有名である[4]。アメリカでは、5章3節で示すように、人格教育（キャラクター・エデュケーション）と関連づけたボーバ（Michele Borba）やリコーナ（Thomas Lickona）のいじめ防止教育がある[5]。さらに、オーストラリアではピース（PEACE）・パックのいじめ防止プログラムがある。このプログラムでは、P（Preparation：アンケートによる実態把握をして準備をする段階）、E（Education：教師に対する教育をする段階）、A（Action 実態に基づき計画を立てる段階）、C（Coping：実際に対処する段階）、E（Evaluation：成果を評価する段階）に分けて段階的にいじめに対応している[6]。このほかに近年、カナダ、アメリカ、オーストラリア、イギリスなどでは、いじめに対応したピア・サポート・プログラムも盛んになってきている。

　こうしたいじめ防止教育プログラムの特徴は、いじめの実態を調査し、明確な目標を設定して具体的な教育プログラムを設定し、その効果を検証しているところにある。こうした先行研究は、実際のいじめ問題に対する予防的・開発的な生徒指導の意味合いが強く、道徳教育とは一線を画する。

　以上のような問題意識を踏まえて、本章ではいじめ問題に対応する道徳教育のあり方を具体的に検討することにしたい。本章の内容構成としては、まず第1節で、いじめ問題を定義上の課題や子どもの性格特性と関連づけて分析する。第2節では、いじめ防止教育と道徳教育の関係について検討する。第3節では、いじめ問題に対応する道徳授業について、可児市立広見小学校と可児市立広陵中学校での具体的な実践例を考察する。

1節　いじめ問題の分析

1．いじめの定義とその課題

　今日のいじめは、教師（大人）の目にはなかなか見えにくいところに特徴がある。一般にいじめといえば、力強い子ども（ガキ大将）が集団で虚弱な子どもに対して一方的かつ継続的に深刻な身体的攻撃を与えることという印象がある。いじめの加害者と被害者も固定されているため、いじめの構造も単純で分かりやすい傾向にあった。

　しかし、今日のいじめは、身体的な攻撃（暴力行為）以上に、冗談や遊びを伴う心理的な攻撃が増えている。また、喧嘩を装ったり、プロレスごっこのように相互に攻撃し合ったり、断続的に行われたりすることもある。さらに、被害者と加害者と傍観者が入れ替わることも多いため、複雑で分かりにくい構造になっている。そのため、なかなかいじめと認知しがたく、深刻な事態になっても教師からは見抜けないところがある。

　こうした複雑化するいじめを見えにくくする原因の一つに、いじめの定義がある。以下でいじめの定義をいくつか挙げて、その課題を指摘したい。

　文部科学省が2006年に改訂したいじめの定義によれば、「いじめ」とは、「当該児童生徒が、一定の人間関係のある者から、心理的、物理的な攻撃を受けたことにより、精神的な苦痛を感じているもの」である。こうした「いじめ」に当たるか否かの判断は、「表面的・形式的に行うことなく、いじめられた児童生徒の立場に立って行うものとする」ことが前提となっている。このいじめの定義は、被害者の立場を尊重する点ではよいが、「精神的な苦痛」の目安はあいまいで不確かである。また、註釈で「喧嘩等を除く」とあるため、「喧嘩等」を装ったいじめがこの定義からは外れることになる。

　また、2013年に施行されたいじめ防止対策推進法の定義によると、いじめとは、「児童生徒に対して、当該児童生徒が在籍する学校に在籍している等当該児童生徒と一定の人的関係にある他の児童生徒が行う心理的又は物理的な影響

を与える行為（インターネットを通じて行われるものを含む。）であって、当該行為の対象となった児童生徒が心身の苦痛を感じているもの」である。こちらでは被害を受けた子どもに「心理的又は物理的な影響を与える行為」によって「心身の苦痛」を感じるものであるため、より広範囲な定義となっている。また、この定義でも「喧嘩等」に関連した問題行動をいじめの定義から外している。

　参考までに、アメリカ教育省が2011年に公表した「いじめ」の定義によると、いじめとは、「力関係の均等でない一人ないしそれ以上の児童生徒から下記の行為を受けること。〈笑い者になること、うわさの犠牲者となること、暴力を伴った脅しを受けること、押されたり、足を引っ掛けられたり、つばを吐きかけられること、望んでいない行為を強制されること、故意に活動から除外されること、故意に持ち物を破壊されること〉」。この定義では、具体的な事例を挙げることでいじめをより分かりやすく説明している。

　いじめ対策として定評のあるノルウェーのオルヴェウス（Dan Olweus）の理論に基づくいじめの定義は、次のとおりである。「誰かが一人あるいは複数の子どもの集団から以下のようなことをされたとき、いじめられているという。意地の悪いことや嫌なことを言ったり、笑いものにしたり、あざける。完全に無視をしたり、グループからのけ者にしたり、意図的にその子だけを誘いから外す。ぶつ、蹴る、押す、突っつく、脅す。うその噂を流す、意地悪な手紙を出す、ほかの子たちがその子を嫌うよう仕向けるなど。これらのことは頻繁に起こり、いじめられている子は自分自身を守るのが困難である。意地悪く心を傷つけるやりかたで繰り返しからかうのもいじめである。からかいが、ほほえましくふざけてされている場合は、いじめとは呼ばない。力の程度が同じくらいの二人の子どもが口争いをしたり、とっくみあいの喧嘩をしたりするのは、いじめではない」[7]。ここでもいじめの具体的な事例を挙げて説明しているが、遊びや喧嘩に関連すると、容易にいじめの定義から外れてしまうことになる。

　これまでのいじめの定義は、基本的にいじめられた子どもの気持ちを最大限に重視するため、被害者が精神的に苦痛を感じれば、どれほどささいなことで

もいじめと認定されることになる。逆に、被害者がどれほどひどいいじめを受けても、それで精神的な苦痛を感じていないと見なされれば、いじめではなくなることにもなる。そのため、加害者が被害者をいじめる際に笑顔や平然さを強要した場合には、いじめと認定しがたくなる。

　また、この定義の注釈には「喧嘩等を除く」とある。そのため、客観的に見れば明らかにいじめでも、喧嘩やプロレス（戦いごっこ）を装うことでいじめの定義から外れてしまうこともある。1986年に起きた鹿川裕史君のいじめ自殺事件でも、ひどい暴力や「葬式ごっこ」をされても被害者がニヤニヤ笑っていたため、なかなかいじめとして認定されなかった。また、1994年に起きた大河内清輝君のいじめ自殺事件でも、加害者グループに無理やりプロレスや喧嘩をさせられ、大金を恐喝されながらも、楽しそうなふりを強要されたため、いじめとして認定されにくかった。さらに、2011年に大津市で起きた中学2年生のいじめ自殺事件でも、加害生徒はいじめる前に被害生徒にわざと一発殴らせ、そのあとで暴力をふるうことで、プロレスや喧嘩であると弁明していた。このように皆で楽しめる「遊び」や力関係が対等な「喧嘩」をカモフラージュ（偽装）する卑劣ないじめこそが、近年蔓延しているのである。特に、高度に情報化された現代社会に生きる子どもたちは、バーチャル・リアリティ（仮想現実）のなかで遊び戯れるようにいじめをする場合もある。そのため、まじめで熱心な教師や親でさえも、この種の「冗談」「ふざけ」「遊び」「喧嘩」を「いじめ」と峻別できないために、実際には深刻ないじめでさえ見過ごしてしまうことがあるのである。

2．いじめを見えにくくする子どもの性格特性

　「見えにくいいじめ」を可視化するためには、今日の子どもたちの性格特性にも注目しなければならない。というのは、いじめの被害者、加害者、傍観者となる子どもたちが、あえて大人の目からいじめを隠し、見えにくくすることがあるからである。今日の子どもは、いじめられていてもなかなか「自分がいじめを受けている」と教師や親に知らせず、隠してしまう傾向にある。これに

は「いじめを受けている惨めな自分をさらしたくない」「親や先生に心配をかけたくない」「いじめを受けている自分にも責任があるかもしれない」「いじめの被害を訴えることで余計にいじめられる」などの心理が働いている。

　この場合、いじめられている子どもは、何とか自力で問題状況を克服しようとして、我慢の限界まで耐え続けることがある。そのなかには、あまりにも辛い現実世界から意識を解離させて、空想の世界へ逃避する子どももいる。例えば、集団で暴力を加えられたり無視されたりした場合、そのあまりに悲痛な現実を受け止めきれず、あたかも他人事のように見なしてやり過ごすのである[8]。こうした解離のスキルによっていじめをやり過ごす子どもは、徐々に表情をなくしてSOSも発しなくなるため、外からでは気づくのが難しくなる。

　また、被害者が何とか被害を訴えた場合でも、教師や親が「気にしすぎではないか」「いじめの被害者にも原因がある」「いじめの加害者と争いたくない」という心理が働いて放置してしまうこともある。この場合、いじめの被害を受けた子どもは、いじめを教師や親に訴えても自分を守ってもらえないことに失望して、その後はいじめについて相談しなくなる。

　加害者側の心理としては、いじめについてあまり罪悪感をもたない傾向がある。「冗談でやった」「ふざけていただけ」「遊びだった」「喧嘩にすぎない」「嫌がっていない（笑っている）から大丈夫だ」「人に迷惑をかけた（ルールを破った）から懲らしめただけ」「自分も同じことをやられた」などと考え、いじめの行為を正当化することもある。そのため、いじめの加害行為について注意を受けても、その事実を否定するばかりか、自分を加害者扱いした教師や被害者を逆に非難（逆ギレ）することさえある。

　傍観者の心理としては、あまり当事者意識がない傾向にある。いじめを目撃した場合、それをやめさせるなり、教師に報告（通報）するなりすべきであるが、傍観者は自己防衛的な心理が働いて、「自分には関係ない」「止めれば今度は自分がやられる」「先生（大人）にチクれば、友達（加害者）を裏切ることになる」などと考えて、見て見ぬふりをすることになる。

　さらに、今日の情報化社会に生きる子どもたちは、テレビや電子ゲームやイ

ンターネットを通じたバーチャル・リアリティの世界で過ごす時間も多い。そのため、愉快な仮想現実で戯れるように、過酷ないじめを平然と行うことがある。そもそもネット上は匿名性が高いため、携帯電話やパソコンでは他人を気楽に非難中傷することができる。被害者の方もネット上では無防備になっていて、心理的な攻撃を強く受け止めてしまうため、過敏に反応して精神的に深く傷つくことにもなる。

このように今日の子どもの性格特性に応じた新しいタイプのいじめが続々と登場していることを、教師や親もしっかり自覚する必要がある。

3．いじめに対応するスタンス

今日の「見えにくいいじめ」に対応するためには、まず、教師や親が「いじめはいつ、どこでも、誰にでも起こりうる」「遊びや喧嘩がいじめになることもある」と認識したうえで、いじめを予防する対策といじめが起きたあとの対策を考えておく必要がある。いじめを予防する対策としては、まず、教師と子ども、子ども同士の人間関係を豊かに築いておくことである。そのために、教師は子どもの心理的・身体的な様子を日頃から注意して見守り、遊びや喧嘩でも何か変わった様子が見られたら、積極的に声をかけ相談することが大事になる。いじめに関するアンケート調査を行う場合は、報告する子どもの安全・安心を十分に確保し、正確な情報を迅速に集めるようにしたい。定期的に子どもが閲覧したインターネットの履歴やメールの送受信を指導しておくことも予防になる。

次に、子ども同士でお互いに思いやり助け合う環境をつくっていくことが大事である。子ども同士は一緒にいる時間が長いため、現実に起こるいじめの実態もすばやく見抜くものである。そこで、人間関係を良好に保つことで、いじめを予防したり仲裁したりできるようになる。例えば、学級開きの頃に子ども同士で自他を紹介し合う活動をしたり、協力して学び合い配慮し合うグループ活動をしたり、子ども同士で支援し合うサポート・グループをしたりすることで、いじめの発生率を抑える効果がある。

また、子どもたち一人ひとりの問題解決能力を養うことも重要である。例えば、いじめを受けた子どもには、一人で悩まずに、教師、親、友達に相談する勇気をもてるようにする。相談を受けた教師や親は、ただ中立的な立場を保つのではなく、「被害を受けた子どもを絶対に守る」という明確な方針で対応する必要がある。できれば事前に、被害を受けやすい子どもには相手に自分の意志を適切に伝える自己主張訓練（アサーション・トレーニング）もしておきたいところである。

　いじめる側の子どもには、他者の気持ちを共感的に理解し、相手の立場に立って思いやりのある行動ができるように指導する必要がある。もし、それほど加害意識をもたずに他人を平気で攻撃するようであれば、因果関係に基づいて事の重大さを教えることも大切である。例えば、遊びや喧嘩のつもりでやったいじめでも被害者の人権を侵害する行為であり、被害者の自己否定や自傷行為や自殺を引き起こすこともあれば、加害者の補導・逮捕（暴行罪、名誉毀損罪、恐喝罪など）につながることもあることを示し、責任の重大さを自覚させるのである。

　傍観者の子どもには、いじめを見ても見ぬふりをするのは、いじめをしているのと同じくらい卑劣で罪深いことを認識させる必要がある。そして、いじめを決して許さない人権意識の浸透した学級・学校を一緒につくり、もしいじめがあれば、それをやめる仲裁者となるよう協力を求めるのである。一人ひとりの子どもにはなかなかできないことでも、学級や学校の子どもたちや教師や保護者が力を合わせれば、いじめを許さない安心・安全な学習環境をつくり出すことができることを伝えたいところである。

(註)
1)　「可児市子どものいじめの防止に関する条例」については以下のサイトを参照。http://www.city.kani.lg.jp/view.rbz?cd=4022
2)　勝間理沙・津田麻美・山崎勝之「学校におけるいじめ予防を目的としたユニバーサル予防教育―教育目標の構成とエビデンス―」『鳴門教育大学紀要』第26巻、2011年。
3)　オルベェウス・プログラムは世界的に普及している。Dan Olweus, *Bullying at school: What we know and what we can do?* Malden, MA, US : Blackwell Publishing.

4) ピーター・K・スミス、ソニア・シャープ著、守屋慶子・高橋通子訳『いじめととりくんだ学校』ミネルヴァ書房、1996年。Smith, P. K., & Sharp, S., *School Bullying : Insights and Perspectives*, London : Routledge, 1994.
5) Michele Borba, "*The Essential 6 R's of Bullying Prevention, How to Create Safe, Caring, Moral Learning Climates and Reduce Bullying on Our School Campuses,*" 2012. Dr. Michele Borba Http://www.micheleborba.com. 次の書にも「いじめられたときの6つの対抗策」が記されている。Michele Borba, *Building Moral Intlligence*, Sobel Weber Associates, Inc., New York, 2001.（ミッシェル・ボーバ著、丸山聡美訳、『道徳の練習帳—キレない子、みんなと仲良くできる子に育つ7つの力—』原書房、2005年、.246-250頁） Thomas Lickona, "*Prevent Bullying, Promote Kindness: 20 Things All Schools Can Do,*" Excellence & Ethics、Winter/Spring 2012.
6) 日本では滝充がピース・パックを参考にして「ピース・メソッド」を開発し普及させている。
7) ダン・オルヴェウス「ノルウェー」、森田洋司総監修『世界のいじめ—各国の現状と取り組み—』金子書房、1998年、121-122頁。森田洋司、秦政春、滝充、星野周弘他『日本のいじめ：予防・対応に生かすデータ集』金子書房、1999年、13-14頁も参照。
8) 柳沼良太『ポストモダンの自由管理教育—スキゾ・キッズからマルチ・キッズへ—』春風社、2010年。

2節　いじめ防止教育と道徳教育

1．いじめ防止教育の方針

　次に、いじめ防止教育の方針を具体的に確認しておきたい。いじめ防止教育プログラムは、実態の把握（アセスメント）、それに対応したいじめ防止教育を実施し、それに基づく評価を定期的に行い、適時修正・改善を施すようにすることを基本とする。

　まず、学校全体の体制として、各校のいじめ担当教員に対する研修会を行い、その担当教員が中心となって各学校でいじめ予防教育を実施できるようにする。その際、いじめについての基本的な姿勢として、いじめは人権侵害であり、人間として絶対に許されないことを明示する。校内にいじめ対策委員会等を設置し、いじめに対する認識を共有し、いじめの発生時に対する対応を共通理解す

る。いじめを許さない学校づくり、学級づくりを行うとともに、学校便りやホームページ等での対応方針を明示し、家庭や地域との連携を図ることが大事になる。

　次に、すべての教職員がいじめについて共通認識するとともに、多面的に見守り、情報を共有する。前節で述べたように、いじめの構造（被害者、加害者、観衆、傍観者、仲裁者の立場）と心理を理解するとともに、いじめを受けやすい子どもの特徴、いじめをする子どもの特徴、傍観する子どもの特徴をそれぞれ理解する。

　第三に、いじめを認知する手立てが必要になる。基本的には、日頃から子どもの表情や態度をよく観察し、授業中だけでなく休み時間や給食、掃除の時間等での何気ない言動にも気を配る。いじめを生みやすい学校、学級、家庭、地域のエリアを特定して、定期的に教師や関係者が見回りを行う。子どもの発達段階といじめの特徴、指導上の留意点を理解し、いじめの早期発見のためにチェックリストを念頭に入れておき、子どものサインを見逃さないようにする。いじめのサインに気づいたら、早急に実態を把握し、いじめられている子どもを守る体制を取る。そのほかにも、生活ノートや学習ノートを通して子どもと心の交流を図ったり、普段から連絡帳や家庭訪問を通して保護者と連絡を取って信頼関係を築いたりすることが大事になる。

　いじめ予防のためには、子どもの実態調査（アセスメント）を行うことも有効である。いじめの実態に関する客観的なアンケート調査を無記名で行い、「いじめがどこで、どのくらい、どのように起こるか」を具体的に理解しておく必要がある。また、学校満足度テスト（Q-U）等を活用して、孤立している子どもや問題を抱える子どもを早期に発見して支援することも有効である。

　こうした多様かつ総合的ないじめ防止教育の実態とその効果を踏まえて、実効性のある道徳教育のあり方を現実的に開発・実践していく必要があるだろう。

2．いじめ問題に対応する道徳授業の課題

　いじめ問題等に対応する道徳授業は、これまでも多種多様に開発され実践さ

れている。その多くは、いじめの被害者や加害者の心情を共感的に理解し、思いやりなどの道徳的価値の自覚を深める道徳授業である。

　例えば、資料「私もいじめた一人なのに…」（暁教育図書）を用いて道徳授業をする。この資料の内容は、子どもの間で「菌まわし」が流行し、「私」も皆と一緒にある女子をいじめていたが、その女子が皆の鉢の花に水をやる優しさに感動していじめをやめる決意をし、その女子を冷やかした男子を殴ってしまったという話である。

　発問としては、「女の子の優しさに触れたとき、『私』はどのような気持ちだっただろうか」「『私』が思わず殴ってしまったのはなぜだろう」などとなる。こうした授業は、いじめの関係者の心情を考えさせる機会を提供するが、現実のいじめとは関係がなく、その解決策も暴力的で不適切であるため、実際の現実生活には応用できないことになる。逆に、生徒指導や学級活動のような道徳授業にすると、計画的かつ系統的に道徳的価値の自覚を深めるような指導はできなくなる。

　一方、アメリカの人格教育では「いじめはなぜ悪いか」を話し合い、実際に起きたいじめの事例を検討することが多い。実際のいじめをいかに解決（解消）するかを話し合い、具体的な対策までしっかり決めて実行に移していくのである。いじめに関する人格教育の授業例については、第5章4節を参照していただきたい。

　我が国の道徳授業でも実効性を高めようとするのであれば、道徳的価値の自覚や自己の生き方について考えを深めるだけでなく、子どもたちが自らいじめ問題に取り組み、実際の日常生活にも活用・応用できる問題解決型の道徳授業を構想する必要がある[1]。

(註)
1)　柳沼良太『問題解決型の道徳授業―プラグマティック・アプローチ―』明治図書、2006年。

3節　いじめ問題に対応する道徳授業の実践例

　本章の冒頭で示したように、岐阜県可児市では、2012年10月に全国に先駆けて「子どものいじめの防止に関する条例」を施行し、学校内外でいじめ防止に取り組んでいる。筆者は可児市教育委員会と研究協力をして、2013年から2014年にかけていじめ防止教育推進事業の指定校である可児市立広見小学校と可児市立広陵中学校において、いじめ問題に対応する道徳授業の開発・実践に取り組んだ。以下に両校の教育実践例についてそれぞれ紹介したい。

1．小学校での実践例

　1節で述べたように、いじめの構造は、加害者と被害者のほかに、周りではやし立てる観衆、見て見ぬふりする傍観者、止めに入る仲裁者がいる。そこで、現実のいじめ問題に対応させるためには、子どもたち自身がいじめの構造や個別的な状況を理解したうえで、どう解決するかを現実的に考え、主体的に判断し、行動に移せるようにする道徳授業が求められる。

　こうした道徳授業を開発するために、これまで定番資料の「はしのうえのおおかみ」「泣いた赤鬼」を用いた事例から、いじめ問題等に関する自作資料や最新記事まで幅広く取り入れた事例、「いじめ防止条例」等に関連づけた事例まで行ってきた。実際の道徳授業では、単に登場人物の心情を追うだけでなく、登場人物の立場から問題解決に取り組めるように工夫してきた。例えば、被害者の立場では自己肯定感を高め、適切に自己主張（アサーション）をする方法を考えた。加害者や観衆の立場では、自分と他者を尊重し、他者を思いやる人間関係を築く方法を話し合った。

　また、道徳授業で考えたことや学んだことを学校の教育活動全体（特に特別活動）に結びつけ、他者に配慮する社会奉仕活動や互いに助け合い高め合う協働的集団活動を行い、「道徳的実践の場」を広く提供していった。こうした道徳授業と事前・事後活動を通して、子どもたちは相手の立場を思いやりながら豊かな人間関係を築くとともに、道徳的に問題解決する能力を身につけていく

ことができるようにした。

　さらに、子どもたちの心に響く読み物資料として、偉人伝を積極的に道徳授業に取り上げた。例えば、野口英世の資料を用いて、幼少の頃、左手に火傷を負って同級生たちからひどいいじめを受けるが、その悲しさや悔しさを乗り越えて猛勉強し、世界的な名声を博したことについて話し合った。田中正造の資料では、足尾銅山の公害問題で被害を受けた村人と一緒に最後まで闘った姿を社会正義と関連づけて話し合った。杉原千畝の資料では、日本人だけでなく国境を越えて多数の避難民を助けるためにビザを出し続け、人道支援に生きた姿について話し合った。

　こうした偉人の立場からいじめ問題について考え、「自己の生き方」にどう活かすべきか、「人間としての生き方」とは何かについて考えた。そこでの発問は、「偉人から何を学べたか」「偉人はどうやって困難を乗り越えたか」「どうすればこうした偉人の道徳的価値（思いやり、不撓不屈など）を自分のものにできるか」「偉人ならいじめ問題にどう立ち向かうか」などを設定した。

　実際にこうした偉人を取り扱った授業の一つでは、「数々の困難を乗り越えさせたものは何か」という発問をすると、子どもたちからは「自分がやりたいから」「自分にしかできないから」「人のために自分のできることだから」などの考えが出た。そこから「人の夢と自分の夢が重なる」「自分も人も強くなることができる」「互いにより高めることができる」「みんなの願いがかなう『幸せ』を創り出すことができる」という考えにも発展していった。こうした道徳授業のなかで自他を尊重し、弱者を思いやり、いじめを許さない心が養われ、「自己の生き方」や「人間として生き方」にも反映されていく。

　こうした観点から、2013年に広見小学校の研究主任（当時）である竹井秀文教諭とともに、以下のようないじめ問題に対応する道徳授業を開発・実践した[1]。

　まず、小学4年の教室で悪ふざけのようないじめを受けながら、笑って受け流す主人公の物語を自作して提示した。教師が「ここでは何が問題なのか」と問うと、子どもたちは「悪ふざけのふりをしてもいじめだ」「主人公は笑って受け流してはいけない」などと発言した。そこで教師は、「どうすればよいだ

ろう」と発問すると、子どもたちはまず被害者の立場から「黙っていてはダメだ」「自ら嫌だと言うべき」などと考えた。

次に、傍観者の立場から「どうすればよいか」を問うと、子どもたちは「知らないふりをしていたら無責任だ」「積極的にいじめをやめるべきだ」「先生に相談した方がよい」などと語り合った。最後に、加害者の立場から「どうすべきか」を問うと、「他者の痛みを理解して、いじめをやめるべきだ」「自分と同じように相手も大事にしなければいけない」などと話し合った。

優しさと強さを併せもった学級を目指した道徳授業

授業のまとめの段階では、自分たちの生活を振り返り、「これからどんな学級にしたいか」を尋ねると、「いじめのない心の温かな学級をつくりたい」「困っている人がいたら助け合える学級にしたい」などの意見が出た。そういう学級をつくろうと誓い合い、一週間後の学級会でその成果を振り返った。

別の日には、実際に起きたいじめに対してどう対応すべきかを考える道徳授業を行った。導入では、「この学級で不平等な上下関係があるか」「いじめにつながる悪口や暴力があるか」について尋ねた。実際のところ、そういう問題が大なり小なりあることを確認した。

展開部では、「スイミー作戦、ガンジー作戦」（光文書院）を読んで感想を述べ合った。まず、大きな魚に対抗するためには、小さな魚が大群となる「スイミー作戦」が有効だと考えた。それと同じように、いじめの被害者を守るためには、周りの傍観者が積極的にかかわってスイミーのようになるべきだと考えた。次に、非暴力で抵抗運動をした「ガンジー作戦」に学び、互いを思いやり平和的に解決する方法がよいと考えた。ただし、子どもたちは「これだけでは足りないよ」と言い出し、実際のいじめには親や教師にも報告・相談して助けてもらう作戦も大事だと語り合った。

最後に、こうした資料の作戦について話し合ったあとに、子どもたちは自分

たちの学級（4年1組）の作戦として「桃太郎作戦」を提案した。もしいじめがあれば、皆で力を合わせて桃太郎となり被害者を守り抜こうと誓い合った。そのためには、単なる「優しさ」だけでなく「強さ」も必要であり、「勇気」をもって公正な学級にしていくことが大事だと結論づけた（写真を参照）。その後、この学級ではいじめが起きそうになると、進んで「桃太郎作戦」を行い、いじめの芽を早期に摘む姿が見受けられた。

2．中学校での実践例

　可児市立広陵中学校では、生徒会が中心となり全校道徳を企画し、いじめ問題に対応する問題解決型の道徳授業を行った。第1回目は、生徒会が2014年7月7日に全校道徳をすることを企画した。まず、いじめに関するアンケート調査を全校生徒211人に行うと、それほど深刻ではないものの、学校の内外で悪口、からかい、落書き、ネット・トラブルなどがあって困っていることが分かった。

　例えば、3年生の2クラスではアンケート調査の結果、「いじめだと思う行為」について、「ネットに悪口」が両クラスとも一番多く、「物を隠す」「無視する」などの陰湿な行為が続いた。学校や学級でいじめは「ある」「ややある」という回答は、両クラスとも3割以上にのぼり、多くの生徒が身の回りでいじめが起きていることを認識していることが分かった。同じ行為でも1年生は小学校の延長でじゃれ合いととらえるが、3年生ではいじめと認識することがある。また、高学年ほど携帯電話やスマートフォンを持つようになり、ネットいじめが増える傾向があることが分かった。

　実際の道徳授業では、学級委員の生徒が司会をして、上述したいじめに関するアンケートの調査結果を報告した。次に、可児市の「いじめ防止リーフレット」を参考にしながら、「いじめとは何か」を話し合った。ささいな悪口やいたずらなどもいじめに発展する可能性があることを理解し、被害者側の受け止めに注目する必要があることを了解した。また、文部科学省の定義である「自分より弱いものに対して一方的に、身体的・心理的な攻撃を加え、相手が深刻

な苦痛を感じるもの」を紹介した。ただし、この定義から逸脱した行為（例えば、「対等な関係にあるもの」「一方的ではない攻撃」「深刻な苦痛ではないもの」など）はいじめではないかのような認識をもたないように付言した。

その後、いじめの構造には、被害者、加害者のほかに、いじめをはやし立てる観衆や見て見ぬふりをする傍観者がいることを検討した。そして授業の後半では、自分の友達がいじめられている場合を想定し、「自分がその場にいたらどうするか」について話し合った。具体的には、「すぐに止めに入る」と答える生徒が多いが、現実的には難しいという意見も出た。そこで、「気づいた人と協力して皆でやめるように注意する」「いじめられた人に声をかける」「先生や親など大人の力を借りる」「電話やメールで市の担当者に相談する」など多様な提案を出し合った。

最後に、全校道徳を実施した7月7日の七夕にちなんで、いじめ根絶に向けた決意を各自が短冊に記して、各学級の後ろに用意された笹の葉に飾った。その後、いじめや暴言をなくすキャンペーンを1週間行って、いじめに関する問題行動が減少していることを事後アンケートで確認した。

同校の生徒会は、第2回目の全校道徳を2014年12月4日に企画した。学校の状況を1学期と比較するために、いじめに関するアンケート調査を再び行ってみると、生徒同士の人間関係において互いを傷つけないよう言動には気をつけているものの、やは

役割演技でいじめ問題の解決を目指す生徒たち

り普段の人間関係ではいじめに近いトラブルもあることが分かった。特に、悪口、陰口、あだ名、噂話がいじめにつながる傾向があることも分かった。いじめが起きやすい場面としては、「休み時間」「学校行事」「友達と話すとき」などが挙げられた。また、いじめにつながる可能性のある出来事があっても、なかなか注意できない状況も確認された。

そこで、生徒会はきちんと正しいことを主張できるようになるために、セル

フ・アサーション・トレーニングを取り入れた問題解決型の道徳授業を行うことを計画した。自分の思いを伝えることができないのび太役、自己中心的で相手の気持ちを考えないジャイアン役、事実をきちんと確認したうえで自他の気持ちを理解しながら自分の考えを伝えられるしずか役を設定した。

いじめに関する一事例として次のような場面を提示した。「のび太は生活委員です。もうすぐ次の授業が始まるので、クラスに着席を呼びかけていました。しかし、ジャイアンとその友達はまだ席に着かずに遊んでいます。のび太がジャイアンに『もうすぐ授業が始まるから座って』と声をかけました。すると、ジャイアンは『うるさいな。時間になったら座るからいいだろう。だいたいのび太に言われたくないんだよ。何でお前にそんなこと言われなければならないんだよ。お前にだけは言われたくない』と怒鳴り、話を聞きません」。こうした問題状況について4人一組になって多様な解決策を考えることにした。

生徒たちは具体的な解決策として、相手（ジャイアン役）の考えや立場も尊重しながら、自分（のび太役）の主張として「学級全体の迷惑になるからやめてほしい」と求めたり、先生や学級委員とともに呼びかけたりして、丁寧かつ毅然とした態度で注意すべきだという意見が出ていた。展開後段では、こうした4人一組の話し合いで提示されたさまざまな解決策を学級全体の前で役割演技してみて、その効果を比較検討した（写真参照）。最後に、いじめをなくし互いに尊重し合うスローガンを学級ごとに決め、1週間のキャンペーンを行い、その効果をアンケート調査で検証した。

このようにいじめのような現実問題に対応する道徳授業では、調査に基づいて問題解決型の学習を行い、その効果を検証して継続的に行うことが大事になる。その意味で、事後の学級活動や生徒指導とも結びつけて、長期的・大局的に行為や習慣を指導し、安心・安全な学級・学校文化を協働して創っていくことが求められる[2]。

（註）
1）可児市立広見小学校での教育実践に関連する記事は、教育新聞3301号、2014年8月25日

（月曜日）に掲載された。
2) 可児市立広陵中学校での教育実践に関連する記事は、7月8日の中日新聞と毎日新聞に掲載され、教育新聞3330号（2015年1月19日刊）でも紹介された。

おわりに

　いじめ問題に対応した道徳教育や道徳授業は、生徒指導や特別活動のように即効性があるものではないが、子どもたちがいじめ問題について多角的・多面的な見地から切実に考え合うことで、いじめを未然に防いだり、実際のいじめ問題等を解決したりすることに効果はある。今後も、こうしたいじめ問題等に対応する道徳教育や道徳授業を多くの小・中学校で多様に開発・実践し、優れた教育実践を積み重ねていきたい。

　また、いじめ問題に対応する道徳教育は、こうした道徳授業を要として学校全体で取り組むことが望まれる。特に、子どもの自己肯定感を高めたり規範意識を育成したりする点では、道徳教育を生徒指導、特別活動、総合的な学習の時間、各教科などと有機的に関連づけて総合的に取り組み、安心で規律ある教育環境を整備することが求められる。こうしたいじめ問題に対応した道徳教育を学校・家庭・地域社会と連携させる総合的な取り組みに関しては、今後の課題としたい。

第3章
アメリカの人格教育

1節　人格教育とは何か

　アメリカでは1990年代から「道徳教育」や「価値教育」という用語よりも「人格教育（character education）」という用語の方が一般的に普及してきている。そこで、まず、アメリカで1990年代から台頭してきた人格教育について検討したい。
　そもそも「人格教育とは何か」について論じておきたい。一口に人格教育といっても、実際は多義的で広範囲の教育プログラムと方法に適用された用語である。人格教育の特徴は、有能で善良な市民となるように、あらゆる文化において広く認められている核心価値（コア・バリュー）、例えば「誠実」「正義」「思いやり」「公平」「信頼」「責任」「尊重」「勇気」「忍耐」「根気」「勤勉」などを教え、それらが人生の指針となる理由を理解させ、実践できるように指導し、習慣化を促すところにある。そのため、人格教育では、子どもが単に核心価値を習得するための授業を行うだけでなく、その価値に基づいて実践することができるように学校教育全体で指導を行うことになる。
　また、「人格（character）」という用語は、個人の知的、感情的、倫理的な特性だけでなく、向社会的な行動に関する特性をも意味している。それゆえ、人格教育には、子どもの「倫理的判断力」「問題解決」「対人スキル」「労働観」「共感」「内省」などの発達を支援することも含まれる。こうした人格教育は、子どもの認知的側面、情意的側面、行動的側面をバランスよく育成することを目指すのである。
　人格教育では、子どもは道徳的な価値観を学び、それについて話し合い、行

動モデルを観察し、多様な価値観が交錯する問題について解決を図ることで、次第に核心価値を深く理解し、多様な資質・能力を身につけるようになると考える。それゆえ、共感し合い、思いやる人間関係を形成し、よい勉強の習慣を習得し、有意義な責任感をもち、共同体の形成を助け、感動的な話を聴き、人生経験を省察することが大切になる。

　人格教育は、授業だけでなく学校を取り巻く環境やカリキュラム全体に浸透している。そのため、人格教育は「肯定的な校風づくり」「公正で思いやりのある学校共同体」「社会性と情動の学習」「ポジティブな青少年教育」「シティズンシップ教育」「地球市民教育」「サービス・ラーニング」などの教育活動とも連携して幅広く多様に展開している。こうした人格教育の取り組みは、子どもに知的・社会的・感情的・倫理的な成長を促し、市民として責任感と思いやりをもたせ、社会に貢献することのできる人間を育成するという点で、他の教育活動と共通している。

　このように人格教育は、これまで多種多様な展開をしているため、「すべて実効性が高い」とは即断できないが、実際にうまく機能しているプログラムも多いことは確かである。アメリカ教育省の教育情報センターでは、個々の人格教育プログラムを取り上げ、子どもの人格形成によい影響を与えているかどうかを科学的に検証し、改良を加えている。このように人格教育は、研究に基づく原理や意義のある概念的枠組みに依拠して設計され、子どもの認知的側面、情意的側面、行動的側面に働きかけ、学校の広範囲な領域に影響を与えることで、確実な成果をもたらしてきたのである。

　アメリカ政府も、1990年代から新しい人格教育が優秀で善良な子どもたちを育成するとともに、学力問題を克服して、安全な規律ある教育環境を築くことに寄与することを認め、大規模な助成を行ってきている。今日のアメリカ教育に強い影響を与えているNCLB法（いわゆる「落ちこぼれ防止法」、2003年から施行）でも人格教育を推進する方針を採っており、ほとんどの州で人格教育を法的に義務化するか推奨している。

　こうした新しい人格教育は、アメリカのみならず世界的に普及しており、各

国の道徳教育の改革に大きな影響を及ぼしている。例えば、シンガポール、フィリピン、メキシコ、オーストラリア、韓国などでも人格教育の理論や指導法を取り入れ、実効性のある道徳教育を実施すべく国家的レベルで取り組んでいる。特に、韓国では1997年に改訂された第7次教育課程からアメリカの人格教育を全面的に取り入れることで、抜本的な道徳教育の改革に成功していることは有名である。我が国の道徳教育を充実させるためにも、アメリカの新しい人格教育から多くの示唆を受けることができると考えられる。

2節　先行研究の検討

今日のアメリカでは新しい人格教育が流行し、それに関する著書が多数刊行されているが、我が国ではこうした人格教育を紹介し、専門的に検討した研究書はあまりない。

人格教育に関する研究としては、ライアン（Kevin Ryan）も1992年にボストン大学に「倫理と人格向上センター」を設立し、1996年に「人格教育マニフェスト」として「正直、勇気、責任、勤勉、奉仕、尊重」を提唱し、1999年にボーリン（K.E.Bohlin）との共著『学校で人格を涵養する』を刊行している[1]。また、トーマス・リコーナは1994年にニューヨーク大学コートランド校に「第4第5R（尊重Respectと責任Responsibility）センター」を設立し、『こころの教育論（Educating for Character）』、『「人格教育」のすべて（Character Matters）』、『優秀で善良な学校（Smart & Good School)』などを刊行している[2]。さらに、1993年には元教育長官のベネットが編者として『徳の本(The Book of Virtues)』を刊行しベストセラーになっている。このほかにも、キルパトリック（W.K. Kilpatrick）の『なぜジョニーは善悪を判断できないのか』（1992年）、エバーリ（D.E. Eberly）の編著『アメリカの人格の内容』（1995年）、テンプルトン協会の『人格発達を奨励する大学』（1999年）など数多くの優れた人格教育関連の書物が数多く刊行されている[3]。

新しい人格教育を提唱する目的や意義を考察した翻訳書としては、トニー・ディヴァイン、ジュンホ・ソク、アンドリュー・ウィルソン編著の『「人格教

育」のすすめ』（2003年）がある[4]。近年では、マーヴィン・W．バーコビッツの『学校が変わるスーパーテクニック（You Can't Teach through a Rat）』の翻訳が刊行されている[5]。

　新しい人格教育を我が国に紹介する和書は、これまでも少なからずある。例えば、アメリカの新しい人格教育を日本に紹介し、道徳教育の改革に役立てようとした著書として、上寺久雄監修の『「新しい道徳教育」への提言』（2000年）がある[6]。武藤孝典編著『人格・価値教育の新しい発展』（2002年）では、アメリカの人格教育を日本の道徳教育と関連づけて紹介している[7]。加藤十八の『アメリカの事例に学ぶ学力低下からの脱却―キャラクターエデュケーションが学力を再生した―』（2004年）では、日米の人格形成を徳目の内容面から比較検討されている[8]。新しい人格教育に関する研究書としては、青木多寿子が『もう一つの教育―よい行為の習慣をつくる品格教育の提案―』において日米の道徳教育の実践事例を訪問調査によって比較検討している[9]。このほかにも、道徳教育に関連する著書のなかには、アメリカの新しい人格教育が紹介されてきたし[10]、論文でも新しい人格教育を考察するものも数多く提示されてきた[11]。しかし、新しい人格教育の全体像を特徴づけ、日本の道徳教育や道徳授業と具体的に比較検討する研究書は、管見ではほとんどない状況にある。

　そもそも新しい人格教育は、前述したように20世紀初頭の古い人格教育と混同されることが多く、指導法や教育内容も多種多様であるため、体系的な理論として十分に検討されずにきたところもある。しかし、新しい人格教育が登場して20年以上が経った今日では、より合理的で実効性の高いものが定着してきており、その理論的な枠組みも固まってきた感がある。それゆえ、我が国の道徳教育との比較もやりやすくなってきたことは確かである。

(註)
1) Kevin Ryan, K.E.Bohlin, *Building Character in Schools: Practical Way to Bring Moral instruction to Life*, San Francisco: Jossey-Bass, 1999.
2) Thomas Lickona, *Raising Good Children; From Birth through the Teenage Years*, Bantam, 1985.（三浦正訳『リコーナ博士の子育て入門―道徳的自立をめざして―』慶應義塾大学

出版会、1988年)。Thomas Lickona, *Character Matters, How to Help Our Children Develop Good Judgment, Integrity, and Other Essential Virtues*, San Val, 2004. p.121.（水野修次郎・望月文明訳『「人格教育」のすべて—家庭・学校・地域社会ですすめる心の教育—』麗澤大学出版会、2005年、194頁）Thomas Lickona, *Educating for Character: How Our Schools Can Teach Respect and Responsibility*, Bantam, 1991. pp.68-71.（三浦正訳『リコーナ博士のこころの教育論—〈尊重〉と〈責任〉を育む学校環境の創造』慶應義塾大学出版会、1997年)。Thomas Lickona & Matthew Davidson, *Smart & Good High Schools Integrating Excellence and Ethics for Success in School, Work, and Beyond*, Washington, D.C.: Character Education Partnership, 2005. p.26.（柳沼良太・吉田誠 訳『優秀で善良な学校』慶應義塾大学出版会、2012年）

3）W.K. Kilpatrick, *Why Johnny Can't Tell Right from Wrong*, New York: Simon & Schuster、1992. D.E.Eberly（Ed.）, *The Content of America's Character*, New York: Madison, 1995. John Templeton Foundation（Ed.）, *Colleges That Encourage Character Development*, Templeton Foundation Press, 1999.

4）T. ディヴァイン、J.H. ソク、A. ウィルソン編、上寺久雄監訳『「人格教育」のすすめ』コスモトゥーワン、2003年。

5）マーヴィン・W. バーコビッツ『学校が変わるスーパーテクニック』麗澤大学出版会、2014年。

6）上寺久雄監修、山口彦之編集、『「新しい道徳教育」への提言』世界日報社、2000年

7）武藤孝典編著『人格・価値教育の新しい発展』学文社、2002年。

8）加藤十八『アメリカの事例に学ぶ学力低下からの脱却—キャラクターエデュケーションが学力を再生した—』学事出版、2004年。

9）青木多寿子編『もう一つの教育—よい行為の習慣をつくる品格教育の提案—』ナカニシヤ出版、2011年、19-24頁。

10）例えば、西村正登は人格教育の歴史的経緯や指導内容を詳しく紹介している。西村正登『現代道徳教育の構想』風間書房、2008年。小柳正司はミズーリ州における地域連携型道徳教育の展開として人格教育を紹介している。小柳正司編著『道徳教育の基礎と応用』あいり出版、2013年。

11）例えば、吉田誠「トーマス・リコーナの人格教育と我が国の道徳教育との比較」『道徳と教育』326号、2008年。住岡敏弘「アメリカ連邦政府による『人格教育における連携事業』実施過程の特質—プログラムの効果の重視に注目して—」『宮崎公立大学人文学部紀要』第17巻第1号、2010年。宮本浩紀「20世紀初頭のアメリカにおける道徳教育の特質と課題—Character Education Inquiry の影響に着目して—」『道徳と教育』331号、日本道徳教育学会、2013年。

3節　新旧の人格教育

　我が国では、アメリカの「新しい人格教育」というと、リベラルな進歩主義教育に対抗して現れた保守反動的な教育論という印象が強い。つまり、昔ながらの伝統的な人格教育が現代に復活したものと見なすのである。それゆえ、加藤十八が指摘するように、デューイに代表される進歩主義教育を「疲れ果てたうんざりする古い流行遅れ」の「教育仮説」と見なして批判し、それに代替して登場したのが「新しい人格教育」であるととらえるのである[1]。

　確かに、「新しい人格教育」の理論的指導者の一人として有名なキルパトリック（W.K. Kilpatrick）も、進歩主義教育の流れを汲む価値明確化論や認知発達的アプローチ（モラル・ジレンマ授業）が道徳について考える力や判断する力ばかり重視して、実質的価値である善悪を教えず、習慣形成や行為の訓練を軽視し、道徳的実践にいたる意志や情操（情熱）を軽視していると厳しく批判している[2]。そして古きよき時代の人格教育のように、子どもに高い理想を与え、行動規範を提示し、力のある教訓的な物語や歴史で子どもが美徳を愛するように動機づけ、情操を豊かに育て、よい習慣形成によって意志力を訓練するべきであると主張している。

　しかし、アメリカで新しい人格教育を推進してきた論者たちは、こうした保守反動的な意見ばかりもっているわけではない。実際のところ、アメリカで1990年代から次々と登場した「新しい人格教育」は、政治的動向を追い風としているため、さまざまな論者や流派が結集して、ゆるやかに連帯している感じである。そのなかには古い人格教育の支持者から、価値明確化論の支持者、認知発達的アプローチの支持者、教育心理学者、カウンセラー、倫理学者までが多種多様に含まれている。

　この点に関しては、人格教育の歴史も大いに関係している。そもそも人格教育は決して新しい取り組みではなく、アメリカで最初の公立学校でも重要な取り組みとして重視されていた。ただし、20世紀初頭まで流行していた「古い人格教育」は、教師の自らの価値観を教義（ドグマ）のように教え込むことにな

りがちで、形骸化した教育で実効性が上がらないという批判が寄せられてきた。

そこで、人格教育の実態を調べるために、1928年から1930年にかけてハーツホーン（Hugh Hartshorne）とメイ（Mark May）が、人格教育の効果を客観的に検証して、『品性の性質に関する研究』等を刊行した。この調査研究では、人格教育が子どもの行動にどれほどよい効果を与えるかについて評価するために、人格教育を実施している学校（実験群）と実施していない学校（対照群）とを大規模に比較調査しデータ分析したところ、実際には有意差のないことが実証された[3]。また、この調査によると、子どもは人格教育で正直な行為を心情的に共感し理解したとしても、時や状況に応じて不正行為をすることがあると実証的に示した。この調査研究では、人格教育によっていくら徳目を心情的に理解させても、それほど効果がないばかりか有害な場合すらあると批判的に結論づけた。この調査結果が新聞などマスコミで大きく取り上げられ、人格教育はその勢いを失くし、徐々に衰退することになったのである。

それから60年以上が経った1990年代に、アメリカで人格教育が再び台頭してきた。この「新しい人格教育」は、単に昔ながらの人格教育が復活したわけではない。科学的な根拠（エビデンス）に基づく実効性のある「新しい人格教育」が登場したのである。こうした人格教育は、アメリカの連邦政府や各州から巨額の助成金を受けて推進されたため、厳密な科学に基づく実証的な評価方法を導入していった[4]。

新旧の人格教育を比較して、明らかに相違する点は、道徳的価値の扱い方である。「古い人格教育」は、道徳的価値の普遍性を前提にしており、その道徳的価値（例えば、正直、親切、勤勉など）は特定の歴史や文化や信条を超越していると考えていた。また、「古い人格教育」は、人間に共通する本性を規定し、万人に共通する理性によって上述した固定的で静的な道徳的価値を子どもに理解させようとしていた。

それに対して、「新しい人格教育」では、道徳的価値の歴史性や文化性を認めながらも、自分たちの歴史や文化が重視してきたこの共同体的な価値を正当化しようとする。また、新しい人格教育では、従来のように計画的かつ発展的

に道徳的価値を教えるというスタイルは維持するものの、そこでは子どもが主体的に道徳的問題に取り組み、道徳的問題を議論して相互の推論を批判的に考察し、責任をもって解決策を構想して実行するように支援していく。

　このように「新しい人格教育」は、進歩主義教育や実験主義教育の伝統を取り入れ、優れた教育実践を省察するなかで理論を再構築しようとする傾向も見てとれる。これは「新しい人格教育」の有力な担い手に進歩主義教育者や発達心理学者（コールバーグ派）の出身者が多いことからもうかがえる。例えば、人格教育の理論的指導者であるリコーナやバーコビッツ（M.W. Berkowitz）は、数々の有力な実験的プロジェクトを基に人格教育を刷新しているのである。「新しい人格教育」は、単に道徳的価値（徳目）の教え込みを目指すのではなく、子どもが道徳的問題を議論し考察する問題解決的な学習を取り入れたり、学校の教育活動全体で体系的かつ組織的に推進したりしている点で、総合的なアプローチに転換したのである。

(註)
1)　加藤十八編著『ゼロ・トレランス―規範意識をどう育てるか』学事出版、2006年、129頁。
2)　ウィリアム・キルパトリック「米国道徳教育の失敗と人格教育の新しい試み」上寺久雄監修、山口彦之編集、『「新しい道徳教育」への提言』世界日報社、2000年、101～105頁。
3)　Hugh Hartshorne, Mark May, *Studies in the Nature of Character: Studies in Deceit*, Ayer Co Pub, 1928. Thomas Lickona, *Educating for Character: How Our Schools Can Teach Respect and Responsibility*, Bantam, 1991, pp.7-8.（三浦正訳『リコーナ博士のこころの教育論―〈尊重〉と〈責任〉を育む学校環境の創造』慶應義塾大学出版会、1997年、7～8頁）。岩佐信道「アメリカにおける道徳教育の変遷―リコーナ教授とキャラクター・エデュケーション―」トーマス・リコーナ著、水野修次郎監訳・編集『人格の教育―新しい徳の考え方学び方―』北樹出版、2001年、148-150頁。宮本浩紀「20世紀初頭のアメリカにおける道徳教育の特質と課題―Character Education Inquiry の影響に着目して―」、『道徳と教育』331号、日本道徳教育学会、2013年、105-114頁。
4)　柳沼良太「日米の道徳教育に関する比較考察―新しい人格教育との比較を中心に―」、『道徳と教育』331号、日本道徳教育学会、116-117頁。また、柳沼良太『生きる力を育む道徳教育』慶應義塾大学出版会、2012年、137－155頁も参照。

4節　リコーナの人格教育論

　次に、「人格教育の父」とも称されるリコーナに着目し、人格教育の発展過程と重ね合わせて検討したい。もちろん、ここでいう人格教育とは「新しい人格教育」を指している。なお，本節は前著『「生きる力」を育む道徳教育』の第4章3節を加筆・修正するかたちで書かれていることをお断りしておく。

　リコーナは1994年にニューヨーク大学コートランド校に「第4第5R（尊重Respectと責任Responsibility）センター」を設立して、人格教育の推進や発展に尽力してきた人物として有名である。それゆえ、リコーナは人格教育の大御所と見なされることも多いが、初めから人格教育だけ専門に研究していたわけではない。

　そもそも大学時代のリコーナは、英語の教師になるために教員養成課程を卒業している。その後、ニューヨーク州立大学アルバニー校の大学院に進学してピアジェやコールバーグの道徳性発達理論を研究し、子どもの道徳的理解の成長に関する研究をして発達心理学の博士号を取得している。

　リコーナは道徳心理学と社会学習理論に関する最先端の論文集『道徳的な発達と行為（Moral Development and Behavior）』を1976年に編著者として刊行している[1]。この本は斯界で大いに注目され、アメリカの大学や大学院のテキストとして活用されてきた。リコーナは1970年にニューヨーク州立大学コートランド校に就職し、教員養成の分野で人格教育や成人教育について指導している。この間、1978年から1980年にかけての在外研究では、ボストンに移り住み、ハーバード大学の道徳教育センターでコールバーグと共同でモラル・ジレンマ授業に関する研究をし、ボストン大学ではラルフ・モッシャー（Ralph Mosher）と共同で、民主的な道徳教育について研究している。この時点までのリコーナは、コールバーグやモッシャーと共同研究をしていることからも分かるように、モラル・ジレンマ授業を通して子どもの道徳的発達を促し、それを実証的に検証する心理学研究に従事していたのである。

　リコーナが初めて刊行した単著が、1983年の『よい子どもたちを育てる

(Raising Good Children)』（邦訳は『リコーナ博士の子育て入門』）である[2]。ここでは道徳性の発達段階に基づいて家庭において道徳教育をいかにすべきであるかを解説している。この書でリコーナは、学校だけでなく家庭や地域の教育力を重視しているが、基本的にはコールバーグの道徳性発達理論に即して教育実践を支援する研究者であった。

このあと、リコーナは発達心理学の研究から「新しい人格教育」の研究へと徐々に移行していくわけだが、なぜ彼が新しい人格教育を支持するに至ったかを理解するためには、彼に影響を与えたデューイ（John Dewey）、ピアジェ（Jean Piaget）、コールバーグ（Lawrence Kohlberg）の理論に注目する必要がある。

まず、デューイからの影響を見ていこう。デューイは、学校の授業だけで道徳教育が完結するとは考えず、学校が道徳的雰囲気を有した「萌芽的な共同体」となることで学校教育全体を通じて道徳教育をすることが重要であると考えた。このような道徳教育を通じてこそ個人の人格形成と民主主義社会の構築が両立可能になると主張する。リコーナは、こうしたデューイの道徳教育論を参考にしたうえで、学校を民主主義に基づく「倫理的な学習共同体」として構成しようと考えている。リコーナは、デューイにならって、子どもたちが「共同した知性の力」を信じて積極的に活動し、意義ある参加の機会を最大限に活用できるような「生活様式（a way of life）」のなかで成長できるように配慮すべきだと考えるようになるのである[3]。

次に、ピアジェからの影響を見ていきたい。ピアジェは子どもに他者の視点について考えさせる社会的交流こそが道徳教育プログラムには不可欠であると述べている。ピアジェによれば、学校とは子どもたちが「自分たちの興味を一緒に追求すること」ができる場所であり、また「協同で実行される個人的な実験と内省が、お互いの助けとなり、相互にバランスを取り合う場所」であるべきなのである[4]。こうした協同活動の取り組みによって、子どもはその社会的・道徳的な自己中心主義から抜け出し、自分たちの考えを比較検討し、漸進的に合意を形成し、自分たちの行動を他者の行動と調整することができるようになる。リコーナは、こうしたピアジェの発想を取り入れ、学校の教育活動全

体で子ども同士の協同活動を重視するようになるのである。

　さらに、コールバーグからの影響を見ていこう。リコーナは若い頃、上述したようにコールバーグの提唱したモラル・ジレンマの授業の効果を共同研究しているが、授業研究にそれほど深入りしているわけではない。むしろ、リコーナは学級生活に自然な道徳的カリキュラムを活用する研究に従事している。彼の問題意識は、学級生活における役割、関係、交流をどのようにしたら子どもの道徳的成長に役立てることができるかであった。より具体的には、どのようにしたら教師と子どもたちは協力し合い、「思いやり」と「尊重」に満ちた肯定的な道徳的雰囲気を学級全体に行きわたらせることができるかであった。そこでリコーナは、コールバーグのジャスト・コミュニティ・アプローチ（公正な社会を創造する方法）に注目した。

　コールバーグは晩年に高校教育に携わった際、高校のカリキュラムにモラル・ジレンマ授業を取り入れることはなく、ジャスト・コミュニティ・アプローチを取り入れている。実際のところ、モラル・ジレンマのような道徳授業をどれほど行っても、子どもの問題行動や生活態度を改めることにはつながらない。そこで、コールバーグは実際に学校で起きた問題を取り上げ、子ども同士で熱心に話し合い、同意を形成しながら解決策を考え、それを責任をもって遂行することで、子どもの認識と行為のギャップを埋めることができると考えた。

　リコーナはこうしたジャスト・コミュニティのなかでこそ、子どもは現実生活の問題に取り組み、さまざまな選択肢を考えて比較検討し、相互に思いやりと公平の精神をもって合意をつくり上げ、その道徳的推論に基づいて行動できるようになると考えた。こうしたコールバーグのジャスト・コミュニティ・アプローチを踏まえ、リコーナは学校全体の教育活動を通して総合的に子どもの人格を育成しようと考えたのである。

　以上のようにリコーナは、デューイ、ピアジェ、コールバーグの見解を踏まえて、道徳性発達理論の心理的領域を越えて、社会的な見地を積極的に取り入れ、学校教育全体を通した包括的なアプローチを構想し、上述した『人格のための教育』を1991年に刊行している。この本でリコーナは人間精神の最高の価

値を確証したとしてクリストファー賞を受けて、一躍有名になっている。この本でリコーナは、３Ｒｓ（読みreading、書きwriting、計算arithmetic）に続く第４のＲ（尊重Respect）と第５のＲ（責任Responsibility）を重視している[5]。つまり、学校では勉強だけでなく、子どもたちの自尊心を高め、他人を深く尊重し、人生に対して肯定的で積極的な価値観をもつことにより、自他を「尊重」するようになるとともに、責任ある社会の一員となることを目標とするよう主張したのである。そのために、道徳授業だけでなく学校の教育活動全体を通した道徳教育を提唱するとともに、学校・家庭・地域の間の連携・協力する必要があることを強調している。リコーナによれば、道徳的価値とはただ子どもに知識として教えれば身につくものではなく、子どもたちが日常的な生活経験と関連づけて自ら道徳的価値（例えば、共感、忍耐、尊敬など）を吟味し、他者と協働探究し、その実行を意識的に試みるなかで身についていくものだと考えている。

　リコーナは、単なるモラル・ジレンマ授業ではなく、子どもたちの日常生活に関連した問題を考察するなかで、道徳的判断力、心情、実践意欲や態度を育成する問題解決型の授業を構想している。例えば、「教室で殴り合いの喧嘩が起きたらどう対処したらいいのか」「水飲み場で水を飲むためにサインを出してから教室を出るというルールは、数人の子どもたちがこの特権を乱用しているからといって制限されるべきなのか」「誰もが公平に役割を果たすためには、どのように掃除の計画を立てればよいのか」「誰かの持ち物が盗まれたり壊されたりしたら、どうしたらよいのか」。こうした日常的な道徳的問題に子どもたちが真剣に考え判断し取り組むことで、道徳的判断力や道徳的心情だけでなく道徳的実践意欲や態度も総合的に育成できると考えるのである。

　リコーナが構想する「新しい人格教育」は、学校教育全体において子どもの生活経験に結びついた道徳的問題を解決しながら人格形成するスタイルとなっている点で、デューイの道徳教育論やコールバーグのジャスト・コミュニティ・スクール構想と軌を一にしている。

　しかし、リコーナは、上述したデューイやコールバーグと違って、従来の徳

目主義の道徳授業を全面的に否定しているわけではない。確かに、「古い人格教育」が授業で規定の徳目をただ子どもに教え込もうとした指導法はよくないが、発達心理学や動機づけ理論を踏まえ、子どもに徳について考えさせ、その重要性を正しく理解するように促す指導法は推奨している。また、リコーナは「徳を身につけたい」という動機づけを行い、毎日の生活でその徳を実行して習慣にすることを重視する[6]。

　例えば、「忍耐」についての授業では、次のような発問が用意される。「粘り強さとは何か」「あなたが粘り強く続けることが難しい仕事は何ですか」「その仕事が粘り強く続けられない理由は何ですか」「もし忍耐が身についたら、どんなよいことがあるでしょう」。ここで価値明確化論のように「忍耐」についてどう考えるかを個人的に表明するだけでなく、「忍耐が人生（の成功）においていかに必要か」「偉人たちがいかに忍耐したか」を子ども同士で話し合わせ、「忍耐」に基づく行動の意義を理解させ、忍耐強く生きようとする動機づけを行うのである。そして授業後においても、現実的な生活で忍耐を生かす機会を提供し、実際に子どもが忍耐強く行為したり習慣化したりするのを支援するのである。

　また、「規則順守」について考える授業であれば、「人はなぜ規則に従う必要があるのか」を論理的かつ多角的に考える[7]。子どもの話し合いのなかで「自分が規則を守らないと（守ると）、どんな結果になるか」「他人（皆が）が規則を守らないと（守ると）どうなるか」「誰にどのような迷惑をかけるか」などを考えるよう促す。こうして規則順守は、単に懲罰を恐れたり報酬を求めたりするからではなく、自他の権利と要求を尊重し、社会的責任を果たすからであることを理解させ、その道徳的実践を動機づけるのである。

　こうした道徳的問題を考える場合、リコーナは価値相対主義に流されないように以下のような客観的な道徳的基準を子どもに尋ねるよう勧めている[8]。「今の行動や方策はそれによって影響を受ける人間を尊重しているか」「自分がそのようにされてもよいだろうか（可逆性のテスト）」「誰にでも同じことをするだろうか（普遍性のテスト）」「これを実行することによって短期的にも長期的

にも、個人にも社会全体にもよい結果と悪い結果のどちらをもたらすだろうか」。

こうした発問をすることで、子どもたちの話し合いは、モラル・ジレンマ授業のように結論があいまいで無責任なオープン・エンドで終わることなく、何が大事で何が正しいかを徹底して考え、社会的意義を含んだ実践につなげることができるのである。リコーナは道徳的基準や道徳性発達段階を踏まえた発問を工夫することで、子どもが主体的に考え、議論し、行為や習慣につなげることを重視したのである。

リコーナはこうした「新しい人格教育」が、実際にさまざまな道徳的な問題を根本的に解決し、学校を道徳的共同体にすることに寄与するだけでなく、学業成績の向上や奉仕活動の活発化などによい影響を与えると考える。単に過去の伝統的な人格教育を賞賛するのではなく、人格教育がどのような実践を計画し、実際にどれほどの効果を上げているかを客観的に評価したうえで、実質的に道徳的な効果のあるものだけを責任もって推奨するのである。

以上の考察から、リコーナの提唱する「新しい人格教育」は、古くからある人格教育の考え方や手法を部分的に継承しているが、その一方で進歩主義教育の新しい指導方法を多分に取り入れていることが分かる。その意味で、新しい人格教育は、非常に幅広く多種多様で効果的ではあるが、理論的な整合性が十分ではないところもある。

そもそもリコーナは新しい人格教育を学問的に基礎づけたいというよりは、教育現場の優れた実践を通した実証研究によって人格教育の包括的なアプローチを見いだし、それを推進し普及することを優先している。リコーナは数多くの優れた教育実践を視察するために全米の学校を訪問し、子ども・保護者・教師・管理職・学校職員・コーチ・守衛・食堂の給仕・地域住民に積極的にインタビューしている。そして、人格教育の実践を通して概念化を図り、より実践的で効果的な原理・原則を導き出している。これはリコーナが「優れた理論ほど実践的なものはない」と考えるとともに、「優れた実践ほど理論を豊かにするものはない」[9]と考えているからである。

以上のように、リコーナの人格教育論は、時代的経緯や社会的背景を踏まえ、

さまざまな理論から有力な仮説を導き出すとともに、それを実践するなかで効果を検証し、理論を再構築し続けている。こうしたリコーナの思想的遍歴や研究態度から、我が国で実効性のある道徳教育を構築するうえで学ぶべき点は多いだろう。

(註)
1) Thomas Lickona (ed), *Moral Development and Behavior: Theory, Research and Social Issues*, New York; Holt Rinehart, & Winston, 1976.
2) Thomas Lickona, *Raising Good Children; From Birth through the Teenage Years*, Bantam, 1985.(三浦正訳『リコーナ博士の子育て入門―道徳的自立をめざして―』慶應義塾大学出版会、1988年)
3) Thomas Lickona, "Democracy, Cooperation, and Moral Education," in *Toward Moral and Religious Maturity*, Silver Burdett Company, 1980, p.491.
4) Jean Piaget, *The moral judgment of the child; with the assistance of seven collaborators*; translated by Marjorie Gabain, London : Routledge & Kegan Paul, 1932, pp.404-405. ジャン・ピアジェ著、大伴茂訳、ピアジェ臨床児童心理学叢書Ⅲ『児童道徳判断の発達』東京同文書院、1954年。
5) Thomas Lickona, *Educating for Character: How Our Schools Can Teach Respect and Responsibility*, Bantam, 1991, p.67.(三浦正訳『リコーナ博士のこころの教育論―〈尊重〉と〈責任〉を育む学校環境の創造』慶應義塾大学出版会、1997年、73頁)
6) T．リコーナ著、水野修次郎監訳・編集『人格の教育』北樹出版、2001年、77頁。
7) 前掲書、105頁。
8) 前掲書、108頁。人格教育における問題解決学習に関しては以下の論考も参照。T．ディヴァイン他編、上寺久雄監訳『「人格教育」のすすめ』コスモトゥーワン、2003年、51頁。
9) Thomas Lickona, "*Creating the Just Community with Children*," Moral Development, Volume XVI, Number 2, April 1977.

5節　人格教育の包括的アプローチ

新しい人格教育を特徴づけるのは、道徳授業だけでなく学校教育全体で人格教育を進めようとする包括的アプローチである。

前述したリコーナは、1991年に『人格のための教育』において教室や学校での包括的アプローチとして、以下のような12の指針を挙げている[1]。

1　教師は人間尊重の精神の実践者であり、子どもたちの模範となる。
 2　学級を道徳性の豊かな共同体にする。
 3　学級に道徳に基づく規律を打ち立てる。
 4　学級に民主的な環境を整える。
 5　すべての教育カリキュラムを通じて道徳的価値を教える。
 6　学習を協力的、共同的なやり方で進める。
 7　学問を学ぶことに対する真摯な態度を育成する。
 8　道徳問題についての思考を深めさせる。
 9　人間関係の葛藤を公平に、暴力によらず解決する方法を学ばせる。
10　人間尊重の心を教室の外にまで広げる。
11　学校のなかに望ましい道徳的な雰囲気を育成する。
12　価値教育のパートナーとして親や地域を巻き込む。

　このようにリコーナは、学校教育全体を通した道徳教育のカリキュラムを構築するとともに、学校と家庭や地域との連携・協力を重視することで包括的なアプローチを具体化している。

　このあと、リコーナは人格教育パートナーシップ（CEP）の理論的指導者となり、発達心理学者のエリック・シャープス（Eric Schaps）およびキャサリン・ルイス（Catherine Lewis）とともに、「人格教育の11の原理」を1995年に公表している[2]。この「11の原理」は、主にリコーナが先導して制作した原理であり、もともとは前述した「12の指針」に基づいている。参考までに以下に提示しておきたい。

 1　人格教育は善き人格の核心的な倫理的価値を育成する。
 2　人格は総合的なものであり、思考すること、感じること、行動することを含む。
 3　効果的な人格教育には意図的、積極的、総合的アプローチが必要である。
 4　学校自体をケアリング・コミュニティ（思いやりの共同体）にすること。
 5　人格を育成するため、子どもは道徳活動をする機会を必要とする。
 6　効果の高い人格教育には、学習するすべての者を尊重し、学習の成功を

援助し、意味のある意欲をそそる学習プログラムが含まれる。
　7　人格教育は子どもの内発的な動機を伸ばす努力をすべきである。
　8　学校の教職員は学習的・道徳的な共同体の一員となり、すべての職員が人格教育の責任を分かち合い、教育指針となる同一の核心価値に従って忠実な努力をすべきである。
　9　人格教育には教職員と子どもの両方が道徳的リーダーシップをとる必要がある。
　10　学校は親や地域社会のメンバーを人格形成の役割を担う正式のパートナーとして迎える必要がある。
　11　人格教育の評価には、学校の評価、人格教育者としての教師機能の評価、そして学生がどの程度まで人格を体現しているかの評価などを含める必要がある。

　この「11の原理」は、リコーナの「12の指針」に基づいているが、さらに学校を「ケアリング・コミュニティ」にすること、「内発的な動機を伸ばす努力」をすること、そして「道徳的リーダーシップ」を育成することなどの原則は、シャープスやルイスの見解を取り入れており、より包括的なアプローチにしている。人格教育パートナーシップが主催する全国規模の学校表彰制度は、この「11の原理」に基づいて審査が行われるため、ここに示された原理・原則が実質的にアメリカの人格教育における基本指針と見なされることもある。

　さらに、リコーナは自ら運営する「第4第5Rsセンター」で当時リサーチ・ディレクターをしていたデビッドソン（Matthew Davidson）とともに、ナショナル・レポート『優秀で善良な高校』を2005年に刊行して、人格教育の新たな展開を提示している。この本は人格教育で全米的に表彰されたモデル校（24校）を実際に訪問調査したうえで、人格教育の原理・原則を抽出し、「優秀で善良な学校」を創るための具体的な手立てやケーススタディを豊富に提示している。こうしたデータから理論を発見する「グラウンデッド・セオリー・アプローチ」を用いることで、実践的で有益な人格教育を提示している。この書では、主に高校を対象として分析しているが、原理的にはすべての学校に共通

するものであるとし、のちに初等・中等学校にも適用して成果を上げている[3]。

同書では「優れた善い学校の原理」として以下の5点を指摘している[4]。

第1　パフォーマンス的人格（performance character）と道徳的人格（moral character）の涵養、言い換えると、優秀さと善良さの統合を学校の使命・アイデンティティの礎石とする。つまり、子どもを優秀にするとともに善良にすることを明確な目標として打ち出す。

第2　「優秀で善良な学校」のビジョンを達成するための諸条件を整備する。

第3　あらゆる子どものパフォーマンス的人格・道徳的人格を育成するために、教師一人ひとりの多様で創造的な力を活用する。

第4　教師、子ども、親、地域住民の間で「倫理的学習共同体（ethical learning community）」の連携を形成する。

第5　教師、職員、学校経営者の間で「職業倫理的学習共同体（professional ethical learning community）」を形成する。

第1の原理でいう「パフォーマンス的人格」とは、「優秀性を指向する人格」あるいは「課題を指向する人格」を意味する。この人格は、自らの潜在的な優秀性を具現化するのに必要な諸特性（例えば、勤勉、強い勤労倫理、積極的態度、忍耐、工夫、自制など）から成っている。パフォーマンスそれ自体は、成果（成績、名誉、賞、業績）を意味するが、パフォーマンス的人格とは、成果が達成されるかどうかにかかわらず、個人的なベストを追求する諸性向から成り立つ。

それに対して、「道徳的人格」とは、「関係性への指向性」あるいは「倫理的行為への指向性」を意味し、個人内でも対人関係でも倫理的行動でも必要な諸性向である。この道徳的人格は、具体的な道徳的価値でいえば、誠実、正義、配慮、尊敬、責任、協力などから成っている。道徳的人格は、自分自身を尊重し配慮するとともに、他者をも尊重し配慮することができることである。このように他者の利害を尊重するため、道徳的人格は私たちの個人的目標を調整し、パフォーマンス上の目標の追求においても公正、正直、配慮という道徳的価値

が損なわれないようにする。

　以上から、人格教育では、パフォーマンス的人格と道徳的人格が表裏一体となり、調和的に融合していることが望ましい状態ということになる。ここで重要なのは、パフォーマンス的人格と道徳的人格は相互補完的な関係にあるということである[5]。それゆえ、教科教育と道徳教育は、決して矛盾・対立するものではなく、相互に補完し合うものとなるのである。

　もともとリコーナは前著『人格の重要性（Character Matters）』（2004年）でも、学問（academics）と人格（character）が密接に関連していることを指摘し、学問と人格を別々に教えるのではなく、同時に教えることの方が効果的であることを強調している[6]。

　その延長線上でリコーナは、共著者デビッドソンの発案したパフォーマンス的人格と道徳的人格の分類を取り入れ、パフォーマンス的人格と道徳的人格を同時に育成させる必要性を説くようになった。優秀性（課題）を指向するパフォーマンス的人格と関係性（倫理的行為）を指向する道徳的人格とを同時に育成させることが相乗効果を生むと考えたからである。

　こうした人格教育は、教室における勉強だけでなく、スポーツや、生徒会活動、課外活動など学校全体を通じて行うことになる。学校は、学校のすべての教育活動（例えば、学習活動、スポーツ活動、クラブ活動等）において、すべての場所（例えば、カフェテリア、ホール、校庭、運動場、図書館、スクールバス等）において、明確で一貫性のある人格教育を行うことになる。子どもと教師は、学級やスポーツ活動、クラブ活動の目標や規定（例えば、スポーツマンシップ規範、公表の倫理規定、クラブ細則等）を核心価値の反映したものにするのである。

　以上のような人格教育を効果的に行うために、リコーナは学校・家庭・地域の諸活動において「倫理的学習共同体」を築くよう提案している。現実の生活経験における葛藤がさまざまな観点を獲得させ、誰もが受け入れられる公平な解決策を考案できるようになると考え、倫理的学習共同体の確立を提唱している。

ただし、ここで留意しておきたいのは、リコーナが1970年代から80年代までは、「正義（justice）」を中心価値とした「ジャスト・コミュニティ（正義の共同体）」の創造を提唱していたことである[7]。リコーナは当初、コールバーグから影響を受けることで、学校に「正義の共同体」を創造するよう提唱していた。しかし、1990年代になるとリコーナは「正義」だけでなく「配慮（care）」をも核心価値に位置づけるようになり、やがては学校を「ケアリング・コミュニティ（配慮の共同体）」として再創造するよう提唱するようになる。

リコーナが「ケアリング・コミュニティ」を提唱するに至った理由は、さまざま考えられる。一つには、ギリガン（Carol Gilligan）がフェミニズムの立場からコールバーグの道徳観を男性中心的であると批判し、男女で道徳性の発達が異なることを指摘したことがある。それを受け継いだノディングズ（Nel Noddings）がケアリングの道徳的意義を提唱したことで、「ジャスト・コミュニティ」ではなく「ケアリング・コミュニティ」の概念が広まったと考えられる。

また、ジョゼフ・P. ケネディ Jr. 財団が数十年来、推進してきた「思いやりのコミュニティ（The Community of Caring）」との関連性もある。相互に尊重し協働し扶助するケアリング・コミュニティにおいて、子どもは自分たちの成し得る最高の仕事を行い、優秀さと善良さをともに実現することができると、リコーナは考えている。実際のところ、NCLB法との関係もあり、子どもの学力を向上させ、安心で規律ある学校環境を整えることで健全な学校運営をするためには、ケアリングを優先させる必要があったと考えられる。

それだけでなくリコーナは、バーガー（Ron Berger）の「優秀の倫理」からも強い影響を受けている[8]。バーガーの考える「優秀の倫理」とは、単に他者に親切であったり尊重したりすることだけを意味するのではなく、互いに自分たちの最善のワークをすることを手伝うことによって相互に配慮し合うことを意味する。こうした相互扶助的な人間関係において、子どもは十分な時間と努力と支援が提供されると、誰もが高品質のパフォーマンスを達成することができると期待される。

バーガーが考えるケアリング・コミュニティを教室に創り出すためには、次の5つの教育実践が必要とされる。

第1　重要な仕事をする。

第2　優秀なモデルを示す。子どもはそのモデルを見て、優秀な仕事は何かを理解する。

第3　批評し合う文化を創る。そこで子どもたちは互いの作品に建設的なフィードバックを与え合う。

第4　複数の修正案を提案し合う。そこで子どもたちは規則的に作品を修正し、高品質に仕上げる。

第5　自分の作品を公表する機会をもつ。そうして子どもは教師以外の観衆からもさまざまな評価を得る機会をもつ。

こうしたケアリング・コミュニティを、教師、子ども、保護者、地域の人々によって構成された「倫理的学習共同体」として築き上げることが大事になる。ここで課題になるのは、「学校側と保護者・地域住民との信頼関係をどのように築くか」「保護者とのトラブルをどう避けるか」ということである。この点に関して、リコーナは子どもの入学前に学校側が明確な学校の目的とアイデンティティを提示し、学校の「賞罰規程（honor code）」を示して合意を形成し、契約を結ぶよう勧めている。そうすることで、学校側は子どもの学習面と行動面で高い到達目標をもち、保護者や地域住民と連携・協力し合えるような協定をしっかり結ぶことができるからである。こうした学校・家庭・地域社会とで築かれた「倫理的学習共同体」を創ることで、「新しい人格教育」の包括的アプローチは本領を発揮するのである。

（註）

1)　Thomas Lickona, *Educating for Character: How Our Schools Can Teach Respect and Responsibility*, Bantam, 1991. pp.68-71.（三浦正訳『リコーナ博士のこころの教育論―〈尊重〉と〈責任〉を育む学校環境の創造』慶應義塾大学出版会、1997年、74-76頁）

2)　Thomas Lickona, Eric Schaps and Catherine Lewis, *Eleven Principles of Effective Character Education*, Character Education Partnership, 1995. この初版の翻訳は以下の書に所収され

ている。トーマス・リコーナ著、水野修次郎監訳・編集『人格の教育―新しい徳の教え方学び方―』北樹出版、2001年、132-145頁。現在アメリカでは2010年に改訂された版が使用されている。 Character Education Partnership, *11 Principles of Effective Character Education*, 2010 Revision.
3) 初等・中等学校の実践例については、以下を参照のこと。*Lessons from the Journey*, State University of New York at Cortland Denter for the 4th and 5th Rs, 2010. *Power2Achieve (P2A) Program Feedback Report 2010-11*)
4) Thomas Lickona & Matthew Davidson, *Smart & Good High Schools –Integrating Excellence and Ethics for Success in School, Work, and Beyond*, Cortland, N.Y.: Center for the 4th and 5th Rs（Respect & Responsibility）/Washington, D.C.: Character Education Partnership, 2005, p.26.
5) Thomas Lickona & Matthew Davidson, *Smart & Good High Schools*, p.16.
6) Thomas Lickona, *Character Matters*, p.121.
7) Thomas Lickona, *"Creating the Just Community with Children,"* Moral Development, Volume XVI, Number 2, April 1977.
8) Ron Berger, *An Ethic of Excellence: Building a Culture of Craftsmanship with Students*, Portsmouth, NH: Heinemann, 2003.

6節　人格教育の指導方法

　新しい人格教育には多様で効果的な指導方法が導入されている。その代表的な指導方法について、上述したリコーナの人格教育論および人格教育パートナーシップの「効果的な人格教育の11原則」（2010年の改訂版）を参考にしながら以下に紹介していきたい。

1．核心価値の意義と設定

　人格教育における核心価値とは、人間の尊厳を肯定し、個人の成長と幸せを促進し、公益に役立ち、民主主義社会において個々人の権利と責任を重んじた価値のことである。具体的には、「思いやり」「正義」「誠実さ」「公正さ」「責任感」「勤勉さ」「最善の努力」「忍耐力」などがよく挙げられる。ただし、地域や団体や学校で設定する核心価値は異なることになる。
　こうした核心価値は、宗教や文化の違いを超越し、人間一般に共通するよき

性質を意味している。また、普遍性のテストである「同じような状況ですべての人々にこのように行動してほしいか」という質問や可逆性のテストである「自分が相手の立場ならこのように扱われたいか」という質問にも対応する価値でもある。

　前節で述べたリコーナや彼の指導する人格教育パートナーシップは、この核心価値を倫理的価値（ethical values）とパフォーマンス的価値（performance values）に分けて説明している。ここでいう「倫理的価値」とは、善良な生き方に関する価値のことであり、例えば「思いやり」「誠実さ」「公正さ」「責任感」「自己と他者の尊重」などが挙げられる。一方、パフォーマンス的価値は、優秀な仕事を遂行することに関する価値であり、例えば「勤勉さ」「最高の努力」「忍耐力」「批判的思考」「前向きな姿勢」などが挙げられる。

　人格教育を行う学校では、校長をはじめ、教師、親、子ども、地域住民の代表が集まって、どのような価値を学校の核心価値とするか話し合い、決定する。もし学校がすでに一連の核心価値を選択していて、それらを長年変更していないような場合は、現在の学校でもその核心価値を継続すべきかを吟味する。各教師は、所属する学校がその核心価値をどのような方法で、どのような理由で選択したかを理解しておき、学校の関係者全員と行動指針を一致させておく。

　こうして決定した学校の核心価値は、学校生活のあらゆる側面における積極的な指針として明確に打ち出す。教師、子ども、親は、学校の核心価値について話し合うとき、共通の用語を使うようにする。例えば、子ども、教師、親が「宿題」について議論する場合は、「忍耐」という核心価値と関連づけて話し合う。また、「人間関係」について議論する場合は、「尊敬」という核心価値と関連づけて話し合う。

　学校の核心価値は、誰にでも容易に目につくように提示しておく。学校の経営方針、ホームページ、児童・生徒手帳、行動規範、家庭に送られるニュースレター、学校行事などに核心価値を明記しておく。学校は核心価値を学校の特徴として打ち出し、核心価値が学校教育でどのように反映し影響しているかについて常に配慮する。

2．核心価値の指導

核心価値を指導する方法は多様であるが、代表的な指導法を以下に示していきたい。

まず第一に、子どもたちが人格形成において有意義な核心価値の意義を日常生活と関連づけて適切に理解できるように指導する。例えば、「最善を尽くし、他人を尊重することは、なぜよき人格を表すことになるのか」「その反対の行動はなぜそうではないのか」を理解できるようにする。その際、核心価値がよき人格を形成するためには役に立つことを一貫して説明する。

このとき、教師は子どもが核心価値を理解するためにどのように指導が有効かを熟知しておく。例えば、教師は核心価値を他教科の知識内容と関連づけ、具体的に説明できるようにしておく。「どのような行動がこうした価値を例示するのか」「なぜ一部の行動は正しく、他の行動が間違っているのか」などの質問にも返答できるように準備しておく。

第二に、子どもたちが核心価値を省察して理解を深め、それに積極的にかかわろうとする意欲を高めるようにする。例えば、他者への共感や責任感を培ったり、子どもたちが最善を尽くしたりすることの大切さを理解し、それを実践したくなるような働きかけをする。そのために、文学、歴史、スポーツ、メディア、日常生活における人格者の言動を紹介し、子どものやる気を高めるようにする。

また、教師は、核心価値と関連する現実問題や社会状況を取り上げ、子どもがこうした核心価値を現実世界と関連づけて内省する機会を提供する。できるだけ子どもが安心感、集団への所属感、自主性を高めながら道徳的な学習ができるようにする。

第三に、子どもたちが核心価値を実践し、それが行動の習慣的なパターンとなるように支援する。子どもが核心価値に照らして自分の日常生活を見つめ直し、核心価値に沿った行動をとるよう励まし、それを習慣化するよう促す。例えば、日記、教室での議論、一対一の会話などを通じて子どもの行動や習慣に

働きかけていく。

　子どもは、教室での日常的な学習活動（例えば、通常の授業、学級会、協力的な学習活動）を通じて、核心価値に関する知識やスキルを習得していく。例えば、学級の目標を設定して実践すること、学習の進捗状況を振り返り適宜修正すること、他人の話を注意深く聞くこと、スポーツマンシップを守ること、「私」を主語に使ったメッセージをすること、他者に迷惑をかけたときに心から謝罪をすること。こうした学習活動を通して、子どもは具体的に核心価値の重要性を理解し習得していく。

　このほかに、子どもが教室外でも核心価値を実践できる機会をもてるようにすることも大事である。例えば、児童会・生徒会が主体となって学校全体の任務を計画し遂行すること、異年齢の集団活動をすること、子ども同士のトラブルを平和的に解決すること、困っている人々に援助すること、地域のニーズに合ったボランティア活動をすること、いじめを防止すること等がある。こうした学校内外の豊かな経験を通して核心価値を理解し、自分たちの学習活動や体験活動の質を振り返り、自分の生き方に役立てるのである。

3．教師が模範を示す

　教師は、核心価値をただ知識として子どもに教えるだけでなく、自らの行動で核心価値の模範（モデル）を示し、ポジティブな影響を与える必要がある。例えば、教師は子どもに対しても、教師同士でも、礼儀正しく振る舞い、敬意と協力的な行動を示す。そして、子どもの勉強や行動の模範となり、教師の振る舞いを模範例として引き合いに出せるようにする。

　子どもと親は、教師のそうした望ましい人格や姿を認めて尊敬するとともに、自分たちの模範とすることができる。こうした核心価値は、教員採用のプロセスや新任教師のオリエンテーションを行うに当たっても行動指針とする。

　教師は、人格教育の責任を共有する学校共同体の一員であることを強く意識し、子どもに掲げるものと同じ核心価値を忠実に守る必要がある。そこで、すべての教職員（例えば、教師、管理職、カウンセラー、助手、学校心理士、ソーシ

ャルワーカー、看護師、コーチ、秘書、食堂で働く職員、運動場や教室の教務補助、スクールバスの運転手）は、学校の人格教育の基本方針を学び、話し合い、当事者意識をもって関与するようにする。

このように子どもの生活に適用される人格教育の価値観や行動規範は、学校共同体の教師の集団生活にも適用される。子どもと同様に、教師も互いに協働し合い、成功体験を共有し、学校のあらゆる領域を改善する意思決定に参加する経験を通して成長していく。また、有意義な教員研修を受けたり、同僚教師の指導方法を見学したりする機会を設け、各教師が子どもを人格形成する際に応用できるようにする。

さらに、教師は定期的に人格教育が与えた影響や自分たちの指導方針について省察する。職員会議や専門部会では、次のような質問を検討する。「学校は子どもに対して、どのような人格形成の体験を提供しているか」「学校の提供する体験は人格形成上どれほど効果的であるか」「現在、学校はどのようなネガティブな問題行動に対処できていないか」「公言された核心価値と相反するような学校の慣行はないか」。こうした教師自身の省察は、人格教育を行う学校文化を培うためには必要不可欠になる。

4．自発性と内発的動機づけ

人格教育では、子どもの自発性や自律性を尊重する。それゆえ、子どもが自発的に行動できるよう指導することが大事になる。そこで、子どもに個人的な目標を設定させ、その成果と課題を振り返ることができるように指導することが必要になる。

そもそもよい人格（character）とは、誰も見ていないときでも正しいことを行い、最善を尽くすような人格を意味する。こうした人格にとって「規則を守ること」は、他者の権利やニーズを尊重するためであり、罰を恐れるためではない。「他者に親切になること」は、「親切にすることはよいことである」という内的な信念と「親切な人でありたい」という内的な欲求があるからである。それゆえ、人格教育では、報酬や罰などの外発的動機づけで行動を矯正するの

ではなく、内発的動機づけで子どもの自発的な道徳的行動を促すのである。

そのうえで、教師は内発的動機づけを培う学級運営の方法を用いる。報酬や罰に基づいて指導するのではなく、子どもが正しいことを行いたいと思うように支援する。問題行動に対しては、ポジティブな方法で規定通りに対処し、核心価値に沿って省察するよう促し、子どもに償いと道徳的成長の機会を提供する。勉強の面では、子どもが誇りをもって質の高い成果物を提出できるように学術的な指導をする。例えば、作業のプロセスで適切なフィードバックをして、より優れた成果物になるような修正の機会を与える。教師と子どもは、日常の学校生活のすべて（例えば、廊下、教室、運動場、学級活動など）において相互に認め合い、肯定的なコメントを自然に交わすようにする。

また、人格教育は、子どもが将来責任をもった行動をとれるように指導する。例えば、「規則を尊重する心」「欲求を自制する心」「自分の行動が他者にどのような影響を与えるか考える力」「争い事を解決する力」を育成する。こうした教育は、単に子どもに従順を求めるのではなく、子どもが自分の犯した間違いから学び、省察し、問題を解決し、原状を回復するための有意義な機会を提供する。

人格教育ではよく表彰制度を用いるが、その際は学校共同体のメンバー全員に行うようにする。例えば、「今月の優秀な子ども」といった称号で一人の子どもだけを表彰するのではなく、教室内で個々の子どもの人格の長所やユニークさを尊重し合い、承認し合うために表彰する。学校によっては、子どもの道徳的行為や学級の優れた学習活動や奉仕活動を個別に表彰することもあるが、子どもや学級を過度に名指してほめ称えたり、クラス間の競争をあおったりすることがないように留意する。人格教育にとって大事なことは、他者と比較して優越感や報酬によって外発的に動機づけることではなく、相互に認め合い励まし合うことで内発的に動機づけることである。

5．人格教育のカリキュラム

人格教育ではすべての子どもを尊重し、人格の形成を促し、成功へと導く学

習カリキュラムを提供する。学校には多様な背景や関心をもつ子どもが来るため、すべての子どものニーズに対応してやりがいのある指導内容と指導方法であることが求められる。

　まず、教師は「粘り強さ」「責任感」「思いやり」という中核価値の模範を示して、個々の子どもに応じた多様で活動的な指導内容と指導方法を用いるようにする。教師が担当する学級の人格的特徴を前面に出すことで、子どもが元来もつ興味や知的好奇心が高まり、教材と学習内容と学習スキルの関連性が強まっていく。

　学習カリキュラムはすべての子どもに有意義かつ適切な課題を提供する。教師は、子どもが仲よく一緒に学習できるよう協同学習をしたり、実際のトラブルを解決できるように問題解決学習をしたりすることで、子どもが主体的に学術的な内容とかかわり合える機会を提供する。こうしたなかで子どもは多様な課題に挑戦し、創造的にアイデアを出し合い、自主的に学習できるようになる。また、学級での意思決定や自分たちにかかわる計画に対して積極的に意見を表明することができる。

　教師はすべての子どもの多様な興味、文化、学習ニーズを特定し理解し、それに合わせて指導を差異化していく。例えば、読書や算数をグループで学習する際、その内容や過程によって分化された指導を行う。また、すべての子どもに対して、質の高い学習を行うよう意欲をかき立て、支援し、継続的に改善を図る。さらに、子どもの多様なサブ・グループの間にある学力の格差を認識し、そのギャップを解消するために多様な交流学習を行う。

6．体験活動との関連づけ

　人格教育では、すべての子どもに校内での肯定的な体験活動や責任ある社会行動をとるためのさまざまな機会を継続的に提供する。子どもは提供された体験活動の機会に積極的に参加し、そのあとで活動の振り返りをする。

　例えば、学年内や異年齢間の個別指導、学級や児童会・生徒会の運営、校内建物や敷地の手入れに関する奉仕活動等を行う。そのほかに、学校で起きたト

ラブルの解決、倫理的な意思決定なども子ども自身が対応できるようにする。
　また、学校は、地域社会のニーズも調査して、そのニーズに対応するため案を立て、サービス・ラーニングの計画や調整を行い、すべての子どもに対して効果的に活動に参加する機会を提供する。例えば、高齢者のお世話、ホームレス、困っている人々、動物への支援、または環境保全などである。こうした奉仕活動では校内での奉仕活動を学校の核心価値と結びつけて取り組む。
　さらに、学校で起こっている出来事がどのように子どもたちの人格に影響を及ぼしているかを考慮し、人格教育の見地から自校の取り組みを見つめ直す。人格教育では、学校生活のあらゆる側面を人格形成の機会としてとらえる。これには、正規の学校カリキュラムのみならず、隠されたインフォーマルなカリキュラムまで含まれる。例えば、「学校での手続きはどのように核心価値が反映されているか」「大人はどのように人格者としての手本を子どもに見せているか」「指導のプロセスは子どもを尊重しているか」「子どもたちの多様性は考慮されているか」「どのように規範方針が子どもたちの考えや成長を促しているか」。
　このように人格教育では、特設の授業で指導するだけでなく、学校のあらゆる場面で体験活動と関連づけ、意図的で総合的なアプローチを用いる。

7．人格教育と生徒指導

　人格教育は学校全体で行う生徒指導と積極的に関連づけられる。子どもの問題行動が起きたら、子どもの人格形成を培う絶好の機会と見なし、特に核心価値を理解し、それに深く関与することによって行動変容ができるように指導する。学校の懲罰規程は、子どもが過ちから学び、関係を修復し、行動の改善計画を実施するのを助けるようなやり方にする。
　また、学校は適切な生徒指導や学級運営に関する教員研修を行う。子どもは学級経営や学校経営にも参加し、適切な役割を担うようにする。例えば、子どもが行動規範や規則を作成することに参加したり、学校における子ども同士のトラブルを解決したりする役割を果たす。学校や学級の決まり事や手続きは、

子どもを尊重したうえで、「責任感」「公平性」「思いやり」「勤勉さ」「忍耐力」などの核心価値と関連づけて示される。

さらに、それぞれの教科目では、子どもが倫理的問題に取り組み、議論を通じて道徳的推論を展開することができるようにする。例えば、「歴史的教訓は道徳的選択をどう導くか」「科学的発見は倫理的にどのような意味をもつか」などと質問する。こうした人格教育は、教師が各授業を行うなかでも優先されている。

試験でのカンニングやレポートの盗作などはアメリカでも大きな問題になっている。そこで、教師は人格教育の一環として「学問的な誠実さ（academic integrity）」について公正性と個人的名誉の観点から子どもと話し合う。そして「何が子ども自身の作品や協働作業として認められるか」「何が盗作や不正行為となるか」について明確な指針を示す。具体的にカンニング、盗作、捏造などの不正行為を取り上げ、適切な引用の仕方や学習の仕方を教え、公約・規範を遵守することの大切さを自覚できるようにする。

8．思いやりの共同体

人格教育では、市民的で思いやりがあり、公正な社会の縮図となるような学校を築こうとする。そこでは、一人ひとりのメンバーがお互いに思いやりと愛情と責任をもつような関係を形成することが大事になる。教師と子どもの間、子ども同士（学年内外）、教師間、教師と家族の間に思いやりのある関係を築くようにする。こうした思いやりのある人間関係は、学びたい意欲やよい人間になりたいという思いを育てることにもなる。

「思いやりの共同体（ケアリング・コミュニティ）」としての学校は、日々の生活において他者に配慮し尊重するような風土がある。それゆえ、子どもと教師の間では、いつも思いやりと愛情のある関係を築いている。子どもは教師が思いやりのある大人であり、学校内で問題があれば相談できる相手であると認識することで、安心して学習に取り組むことができる。

すべての教師がこうした「思いやりの共同体」を築くための教員研修を受け、

自分の役割を実施できるような資質・能力を身につけておく。こうした「思いやりの共同体」に関する教師の教育実践について成果物や要旨集を作り、その教育実践が学校や教室において子どもにどのような影響を与えたかについて検証する。

「思いやりの共同体」としての学校は、こうした教師の職能開発や情報共有の機会を通じて、持続性のある積極的な学習共同体の土台となる。

9．学校、家庭、地域の連携

人格教育に取り組む学校は、家庭や地域の人々と積極的に連携する。というのも、家庭や地域と連携している学校は、子どもの人格形成において成功する可能性が高くなるからである。

保護者は、教師とともに人格教育で指導的役割を果たす。家庭は人格教育の取り組みを理解し、支持する。特にPTAや親の会において積極的に人格教育の取り組みを行う。学校は人格教育のワークショップや情報源を家庭に提供する。できるだけ保護者が、募金活動のみならず、奉仕などの学校行事や教室でのイベントに積極的に参加できるように呼びかける。

家庭と学校との間により高い信頼関係を築くため、人格教育委員会や学校運営協議会には親の代表にも出席してもらう。また、学校共同体を構成するメンバーとしての自覚が足りない親にも積極的に働きかけ、学校行事に参加するよう促す。

学校はより広範な共同体（例えば、企業、青少年団体、宗教団体、政府、地方自治体、メディア等）からも支援を受ける。共同体の人々は、学校においてボランティア活動を行ったり、学校行事に参加したり、学習支援の活動をしたりすることで人格教育に貢献できる。こうした多面的な取り組みをすることで、人格教育における学校と家庭との連携はより効果的になる。

学校は、人格教育の取り組みにおいて家庭や地域の人々と確実な双方向のコミュニケーションを行うようにする。まず、学校は、親や共同体の人々と定期的に交流する場を設け、人格教育の取り組みに関する活動や提案を伝える。例

えば、成績表、覚書、電話、電子メール、ニュースレター、保護者会、学校のホームページ、PTA集会、ワークショップなどで伝えていく。また、学校は定期的に人格教育の取り組みの効果について家庭や地域に公式・非公式にアンケート調査を依頼し、実態把握に努める。

　親や地域の人々は、学校からただ人格教育の実践を情報として受け取ったりアンケートに答えたりするだけでなく、こうした人格教育の取り組みがどれほど有効であるか、どこをどのように改善すべきかについて積極的に提案することも求められる。

7節　人格教育の評価方法

1．レンゲルの観察評定尺度

　1990年代から新しい人格教育が普及する以前は、コールバーグの提唱する道徳性発達段階説に基づく評価方法が有力であった。ただ、コールバーグのいう道徳性の発達は、実際のところきわめて小さくゆっくり現れる傾向にあるため、評価することが困難であった。道徳的推論から道徳性を評価する方法は、教師が教室で使用するうえでは非実用的であり、日常生活における道徳性の発達を評価することもできなかった。

　そこで、道徳教育の実効性を評価するために、レンゲル（James G. Lengel）は1974年に道徳性の観察評定尺度を考案した。この尺度は、コールバーグとピアジェの道徳性発達心理学に基づいて、以下の12の局面に対応する目標で構成されている。

　(1) 一般的な教室での交流、(2) 役割分担の機会、(3) 道徳的課題の提示、(4) 学級における実生活上の問題の活用、(5) 学級会、(6) 子どもたちの発達レベルに関する教師の知識と受容、(7) 教師による論拠の重視、(8) 代替できる解決策の提示、(9)「正しい解答」を示さないアプローチ、(10) 子どもたちの間での異なる発達段階の交流、(11) 社会的問題に対して子どもたち自身が解決策を考える機会の提供、(12) 子どもたちの論拠に対する異議申し立て。

これらの12の局面は、教室における道徳教育の成果を評価するために、①一般的な教室での手順、②子どもたちの作業活動、③クラスにおける話し合いの質、④教師の行動という4つのグループに分けられている。レンゲルの尺度で高い評価を得ている教室の方が、評価の低い教室よりも道徳的発達段階が高いことになる。

　こうしたレンゲルの方法は、教室における道徳教育の評価をすることには役立つが、個々の子どもたちの社会的・道徳的な成長の過程を評価することは難しかった。例えば、「自分自身の行動の責任を取る意欲」「公平に行動する能力」「他者のニーズに対応する習慣」「協同作業」「ディスカッション」「遊びに積極的に参加する能力」などは、道徳性の発達として重要であるが、レンゲルの評価方法だけでは対応できない。

2．リコーナの包括的評価計画

　レンゲルの評価方法における課題を克服するために、前述したリコーナは、道徳的側面に関する成長の記録を評価する方法を考案している。例えば、「その子どもは規則を理解し、守っているだろうか」「他の人の視点に立って考えることができるか」「争いを公平に収められるか」「積極的な社会的交流に参加できるか」などについて定期的に評価するのである。

　もともとリコーナは、人格教育の取り組みで、子どもの日常生活に関する評価が最も弱い点を懸念していた。アメリカの教育界でも子どもの人格形成をどこまで評価するかは意見が分かれていた。リコーナは人格形成を評価することが望ましい理由として、以下の3つを挙げている。

　第一に、ある対象が評価されるということは、その対象に意味があるということを示すからである。人格的な成長が評価されることにより、教師や子どもや親にとって人格形成の優先度が高くなる。もし学校で学業成績だけが評価され、人格的な成長は評価されないとすれば、学業成績に比べて人格形成は軽視されることになる。

　第二に、人格教育の評価によって、子どもの人格形成に関するプログラムが

どれくらい効果的か分かるからである。具体的な根拠（エビデンス）によって人格形成に関する取り組みが有効であることを証明できれば、教師や親がそうした取り組みを継続して実施する可能性も高まる。

　第三に、プログラムの効果を高める改善をするために、評価データは必要だからである。こうした客観的なデータを用いないで改善することは、やみくもな作業となってしまう。

　こうした理由から、リコーナは人格教育のプログラムを継続的に向上するために「包括的な評価計画（Comprehensive Assessment Plan）」を構想している。以下にリコーナが考えた人格教育の包括的な評価計画を提示したい。

　第一は、学校が選択した人格教育の枠組みに沿った「包括的な評価計画」を立てる。それと同時に、それを実施する「評価計画委員会」を設置する。こうした評価をする作業は、既存の他の委員会に任せるには膨大すぎるし、重要性も高すぎる。そこで、独自の評価計画委員会を設けて、評価に詳しい専門家を配置するのである。

　そして、学校が評価する対象とその方法をできるだけ早い段階で決定する。このことによって目標とする人格教育の成果を得るために必要な実行手順を具体的に決めることができる。例えば、学校がカンニングの件数を減らしたいのであれば、カンニングの実態調査が行われ、それに対する教師の具体的な対策が検討され、各教室において「学問的な誠実さ」に関する指導が行われる。

　第二は、学校がもっている子どもに関する情報を集め、人格教育に関連したデータを分析する。こうした子どもに関するデータは重要な事実を提供する。先の評価計画委員会は、年度ごとに（あるいは年度の途中に）子どもの人格に関するプラスとマイナスのデータを調査し、各教師に報告する。

　このようなデータの項目としては、例えば、出席日数、テストの成績、懲戒処分の申し立て、課外活動への参加状況、学内外のコンテストの順位、授与された賞、地域の奉仕活動に参加した回数、遺失物の返還、心理相談に来た回数、カンニングの件数、いじめの件数、窃盗の件数、喧嘩の件数などがある。

　第三は、人格教育の実践について形成的評価を行う。「人格教育はどのくら

い実施されているか」「意図されたプログラムを教師がどのくらい忠実に実施したか」に関してデータを分析し、人格教育の効果を評価する。

　実施したプログラムとその成果を検討することで効果を検証できる。例えば、「学校がいじめ防止プログラムの主要な実践内容をどのくらい実施したか」を記録に残し、いじめ防止プログラムの効果を客観的に評価する。

　第四は、人格教育が教えようとしていることを、子どもがどのくらい理解し、応用しているかについて学習評価を行う。例えば、「子どもは学んだ美徳について、該当する行動の例を挙げることができるか」「子ども自身が美徳を実践した事例を挙げることができるか」「モデルとなる歴史上の人物や現在活躍している人物がある美徳をどのように実践したか説明できるか」「ロールプレイを通してその美徳を示すことができるか」などである。

　人格教育が教える具体的なスキルを評価することもある。例えば、聞く力、協力、対立の解決、時間の管理、目標の設定などのスキルについて、子どもがいつ、どこで、どのように活用したかを評価する。こうした評価では、具体的な証拠を提出できるようにすることが大事になる。

　第五は、子どもに自己評価を行わせ、それに基づいて新たな目標設定をさせる。子どもが自分の行動や習慣を振り返り自己評価するとともに、そこから課題を見いだして新たな目標を設定することは、人格教育において非常に重視されている。そこで、こうした教育実践に関する事例を以下に5つほど示す。

①人格教育の自己評価リストを子どもに提供して、子ども自身に長所と短所を自己評価させる。例えば、質問欄に「あなたは失敗してもくじけない」と書き、解答欄に「全くその通りである」「たいていそうである」「そういうときもある」「あまりそうではない」「全くそうではない」と書く。こうした項目ができていない場合、自分なりに「失敗してもくじけないようにする」といった目標を設定して、そのあとで実践を再び自己評価する。

②ある小学校では、子どもは毎日その日の終わりに「人格記録帳」を取り出し、週替わりに設定される特定の道徳的価値に関する質問に回答する。例えば、「今日はどんな親切なことをしたか」「今日はどんな不親切なことを

したか」「明日はどんな親切なことをするか」に答える。
③別のある小学校では、子ども全員が「人格行動の日記帳」をつけ、1か月を通して改善する行動を選択する。例えば、「お願いします」や「ありがとう」を言う行動を課題として設定し、それから毎日その日の終わりに実践した成果を記入する。
④コーベイ（Sean Covey）の「私のなかのリーダー」プログラムを活用している中等学校では、子ども全員が個人的な使命（ミッション・ステートメント）を書き、それを用いて自己評価をする。学年が変わるごとに、年度始めにその使命を読み返し、新たな課題を設定する。
⑤「子どもポートフォリオ」を用いた取り組みでは、人格形成に関する目標に関連づけて、子どもに学習の課題や成果をポートフォリオに記述させている。子ども全員が1年生のときからポートフォリオへの記入を始め、12年次の卒業時までにどれだけ達成されるかを評価することもある。

　第六は、校風に関する年次調査を行う。校風は人格形成に影響力があるため、年次調査は重要になる。この調査では、子どもと教師と保護者がどれくらい学校の目標とする価値観や美徳に沿う行動を取っているかを調査する。学校がどれくらい「思いやりのある共同体」であるかを評価することもある。

　第七は、子どもの自己報告調査票を使って、子どもの人格的側面を評価する。学校が重視する子どもの人格に関する特定の側面について評価を行う。例えば、学校がカンニング防止に力を入れている場合、「子どもがカンニングをどのようにとらえているか」「どのくらいカンニングをしたことがあるか」について無記名で報告する。同様に、学校がいじめの減少を目指している場合には、感情的・肉体的ないじめがどのくらいあるか無記名で報告する。

　第八は、子ども、教師、親が参加するフォーカス・グループ活動を実施する。校風であれば、「この学校はどんな学校ですか」「この学校のよい点はどんなところですか」「変えることが可能だとすれば、この学校の何を変えますか」を尋ねる。人格教育プログラムであれば、「今年のサービス・ラーニングはどうでしたか」「来年に向けてどのような点が改善されるとよいと思いますか」を

尋ねる。特定の問題であれば、「この学校ではどれぐらいの頻度や規模でいじめがありますか」「いじめはいつ、どこで起こりますか」「どうすればいじめを減らすことができると思いますか」を尋ねる。単に情報を集めるだけでなく、解決のためのアイデアを求めることもある。

　第九は、学内で作成した独自の調査を実施する。この調査では、「どの取り組みがうまくいっていますか」「どの取り組みには改善が必要だと思いますか」等を尋ねる。こうすることで人格教育の取り組みに関して、質的なフィードバックを受け取ることができる。

　ある中等学校では、学校の取り組みとして週に1度集まって行われるアドバイザリー・グループの内容に関し、子どもと教師に対して毎年アンケート調査を行っている。このような調査票を作成するときは、利害関係者から質問項目に関する提案や質問票案に関するフィードバックを受けるようにする。こうして得られた調査結果を該当する利害関係者（教師、子ども、親、地域住民）に提示し、その成果について話し合い、今後の実施計画を改善する。

3．人格教育パートナーシップの評価方法

　上述したリコーナの包括的評価方法を踏まえて、人格教育パートナーシップは「効果的な人格教育の11原則」に対応させた採点ガイドを提示している。11原則はそれぞれ具体的に2から4項目に分けられており、原則が実施された場合のあるべき姿も説明されている。

　まず、各学校は自己評価をするために学校関係者（教師、職員、管理職、親、子ども、地域の人々など）の代表者グループを招集する。このグループのメンバーは、単独で評価を行うが、最終的にはグループで話し合い総合的な評価を行う。

　評価者は、常に質、量、頻度を念頭に置き、項目の内容を理解して、実施レベルに最も近い数値を選択する。「模範的＝4点」「とても効果的＝3点」「良好＝2点」「効果的でない＝1点」として各原則の項目ごとに評価点をつける。すべての採点ガイド上、4.0点に到達することは目標であり、期待値ではない。

ある学校が一度にすべての指標において4点以上で「模範的」であることはあまりない。どの項目においても4点以上の評価点になった場合は、教育実践の全リストを証拠として提示することになる。全体の評価点は、「効果的な人格教育の11の原則」に対応した各評価点の平均を計算することになる。

　評価する項目は、以下に示すように学校関係者の立場、教師の立場、子どもの立場の三つである。

　第一に、学校関係者がどれくらい核心価値を実践しているかについて評価する。学校の目標に照らして、倫理的学習共同体として学校文化や校風を定期的に（定量的にも定性的にも）評価する。校風に関するアンケート調査を子どもに行い、「学校（学級）の子どもは互いを尊重し思いやる」といった項目に同意するかを質問する。また、人格教育が学業成績によい影響を与えているか調査する。その調査結果から人格教育の全体構想を変更・改善する。

　第二に、教師がどれくらい核心価値を行動規範として子どもに示したか、これらの価値を教育実践や子どもとのかかわりに取り込んだかについて、子どもから定期的に評価を受ける。教師は人格教育者としての教師の成長を評価する。教師一人ひとりが人格教育の目標を設定し、その取り組みに関して省察するアンケート調査をする。また、人格教育のロールモデルとしての教師についてどう思うかを子どもにアンケート調査し、教師として望ましい行動がとられているかを評価する。教師はこうした人格教育の取り組みに関する評価結果を学校関係者に報告する。

　第三に、子ども一人ひとりが核心価値に関してどれくらい理解し、関与し、行動に表しているかを調べ、人格的な成長を評価する。さまざまな人格に関係する行動（例えば、出席状況、停学、破壊行為、奉仕の時間数、麻薬事件、不正行為など）のデータを収集する。こうした子どもの態度や行動について望ましい成果に関するデータを収集し、よき人格への理解と関与の面で成長したことを表す証拠として、学業成績表のなかに記して保護者に報告する。

　この11の原則と採点ガイドは、教育者が現在の人格教育の実践の見直し、短期・長期目標を再設定し、項目ごとに継続的な改善をすることに役立つ。この

ように学校関係者、教師、子どもを対象にして評価を行い、人格教育の計画、指導内容、指導方法を定期的に改善・修正することで実効性を担保するのである。

第4章

日米の道徳教育に関する比較考察

1節　歴史的経緯と政治的要因

　まず、1980年代から強力に推進されてきた我が国の道徳教育とアメリカの人格教育を歴史的経緯や政治的要因と関連づけて比較検討してみたい。

　1980年代から情報化や国際化（グローバル化）が進展し社会が大きく変動するなかで、価値観が多様化するとともに個人主義が強まってきた。教育界でも自由化・個性化・個別化が進められるなかで、子どもは自ら学び考え、主体的に判断し行動する力を身につけることが求められてきた。その一方で、旧来の規範意識や連帯意識が崩れるなかで、学習指導上の問題（学力低下や学力格差）や生徒指導上の問題（いじめ、不登校、校内暴力など）も急増してきた。こうした状況において、子どもの基礎学力や道徳性を高め、社会秩序を再建しようとする動向も強まってきた。

　そこで日米では政治主導の教育改革が推進されてきた。日本では、中曽根康弘政権下の臨時教育審議会の第四次答申（1987年）において、こうした動向が顕著に現れる。そこでは、子どもたちの規範意識の低下や基本的な生活習慣の不足などが指摘され、知育を中心とした従来の学校教育を反省し、「徳育の充実」が重要な課題とされた。

　この答申では、「基本的な生活習慣のしつけ、自己抑制力、日常の社会規範を守る態度の育成、人間としての『生き方』の教育を重視する。また、自然体験学習の促進、特設『道徳』の内容の見直し・重点化、適切な道徳教育用補助教材の使用の奨励、教員養成・現職研修の改善などを通じて徳育の充実を図る」ことを提言した。

小渕政権（のちに森政権）下の教育改革国民会議では、「人間性豊かな日本人」を育成するために「学校は道徳を教えることをためらわない」ことが提言された。さらに、第一次安倍政権下の教育再生会議でも、学力の向上に徹底的に取り組むとともに、徳育の教科化が目指され、「社会総がかりで徳育の充実に取り組む」ことになった。こうした道徳教育を拡充する方針は、第二次安倍政権下の教育再生実行会議でも受け継がれ、「特別の教科　道徳」を実現させるに至っている。

　一方、アメリカでは、学力向上とともに道徳教育（人格教育）の重要性が強調されるようになった。1970年代までは価値明確化論やモラル・ジレンマ授業が流行するが、徐々に学校の規律が乱れ問題行動が増大すると、学校を立て直すために「新しい人格教育」が登場したのである。

　この動向は政治的な保守派が復権してきたことと連動している。1981年に共和党系の保守勢力を基盤としたレーガン（Ronald W. Reagan）政権が発足すると、1983年に報告書「危機に立つ国家」という報告書を出し、卓越した人材養成を求める新保守的な教育改革が着手された。その一翼となったのが人格教育の全国的運動なのである。1987年に全国教育委員会協会は「公立学校における品性の涵養―成功への戦略―」と題した報告書の刊行であり、人格教育の推進を全面的に打ち出している。1988年にはレーガン政権下の教育長官ベネット（William J. Benett）は1988年に「アメリカの教育」という報告書を出し、アメリカ教育の惨状や道徳的な衰退を批判的に分析したうえで、共通した学問体系の知識・技能を習得するとともに、学校の道徳的エートスを高めるよう提言している。

　次のブッシュ（George H.W. Bush）政権下では、先の報告書「アメリカの教育」を受けて、1990年に「国家教育目標」を宣言している。ここで子どもの学力を向上させるとともに、市民性を育成することが提言されている。さらに、6つの教育目標を2000年までに達成するために、『2000年のアメリカ―教育戦略―（America 2000: An Education Strategy）』（1991年）で具体的に達成するための方略が示された。「危機に立つ国家」を意識しながらも、全く教育目標を達

成できずにいることを批判し、2000年までに達成すべき目標として以下の項目を掲げた。

　第一に、アメリカのなかの子どもはすべて学習へのレディネスを身につけて入学する。第二に、高校の卒業率を少なくとも90％まで上げる。第三に、子どもは、第6、第8、第12学年から上級に進む際、英語、数学、理科、歴史、地理をはじめとする教科に立ち向かい、それらに対する実力を示すようになる。また、アメリカの学校はいずれも、子どもが精神を活発に働かすよう配慮し、それによって青少年が責任ある市民性、学習の継続、現代経済における実りある雇用に十分対応できるようにする。第四に、アメリカの子どもが理科、数学の成績において世界一となる。第五に、成人はすべて識字能力をもち、世界経済において競争相手に立ち向かい、市民としての権利と責任を行使するに必要な知識・技能を身につける。第六に、学校は薬物使用、暴力行使の憂いから解放され、学習を奨励する規律正しい環境となる。こうした6つの具体的な教育目標として掲げた。

　次のクリントン（B. Clinton）政権下でも、先の「国家教育目標」に加えて、教員研修を強化し教師の専門性を向上させること、および学校教育への父母の参加を促進することを追加して、1994年に「2000年の目標・アメリカ教育法」を成立させている。同年にアメリカ学校改革法のもとで「人格教育連携パイロット・プロジェクト」が実施された。特に、新しい人格教育はアメリカの多数の学校で実際に顕著な成果を上げてきたため、1996年にはクリントン大統領が議会における一般教書演説でアメリカの学校すべてに対して人格教育の実施を要請している。

　アメリカ議会は人格教育の重要性を認識し、1994年に「人格教育における連携事業パイロット・プロジェクト」を認可した。この補助金の計画のもとに、教育長官は1つ以上の地元教育機関（LEA）と事業連携を行う州教育機関（SEA）に対し、毎年10回の補助金を交付することができるようになった。地域がその最も切実な問題に対する人格教育対策を組織化する助けとして、1995年から2001年の間に46回に分けて、4500万ドル以上に相当する補助金がSEA

に授与された。この補助金によって，(a) 人格教育の資料の開発とより広範なカリキュラムへの統合を支援し、(b) 教師に職能訓練を提供し、(c) 親、子ども、地域住民にこの計画に関与することを促進し、(d) プログラムに対する総合的な評価を求めた。2001年の「落ちこぼれ防止法（NCLB）」において修正されたように、2002年度に議会は人格教育連携事業を1965年の「初等中等教育法（ESEA）」の一部として再認可し、資金助成額は800万ドルから2500万ドルに拡大された。

なお、クリントン政権では1997年に学校の規律を強化するために罰則規定を明確にして、軽微な問題行動でも厳しく取り締まるゼロ・トレランス方式を強化している。ここでは学校の規律教育を強化するとともに、校内暴力や麻薬だけでなく一般の生徒指導や学習指導にも適用されていった。こうした厳正な生徒指導で子どもの管理統制を外側から強化する一方で、クリントン政権では「新しい人格教育」を全面的に支援し、子どもの人格を内面から涵養しようとしたのである。

さらに、そのあとのブッシュ・ジュニア（George W. Bush）政権下では、2002年に「落ちこぼれ防止法（No Child Left Behind Act）」（以下、NCLB法）が成立し、「強い人格と市民性」が強調され、安心で規律ある教育環境が整備されることになった。このNCLB法のもとで「人格教育連携プログラム」が実施された。現在のオバマ大統領も、NCLB法を柔軟に修正しつつ、基本的には人格教育をシティズンシップ教育とともに推進している。

こうした教育事業では、効果が判然としなかった「古い人格教育」を刷新し、「根拠（evidence）に基づく人格教育」を目指し、「厳密に科学的に基礎づけられた評価」が導入された[1]。このように教育行政の動向と関連して、新しい人格教育は学力向上と安心で規律ある学校づくりに寄与するものとして強力に推進されていったのである。

(註)
1) この点でアメリカの教育行政と人格教育の関係については、以下の文献を参考にした。

住岡敏弘「アメリカ連邦政府による『人格教育における連携事業』実施過程の特質―プログラムの効果の重視に注目して―」『宮崎公立大学人文学部紀要』第17巻第1号、2010年。

2節　推進する諸団体

次に、日米で道徳教育を推進する機関や団体を検討したい。

日本では、文部科学省が中心となり、都道府県や市区町村の教育委員会等が学校・地方の実情に応じて各学校の取り組みを支援することになる。文部科学省では2002年から「児童生徒の心に響く道徳教育推進事業」（のちに「道徳教育総合支援事業」）などの道徳教育実践研究事業を実施し、創意工夫を生かした道徳教育を推進し、その成果を普及することに努めている。また、同年から『心のノート』（2014年から『私たちの道徳』）を全国の小中学校に無償配布し、学習指導要領に基づきながら子どもの生活経験にも結びついた指導法に改善する工夫も行っている。

ただし、学習指導要領や文部科学省の方針に応じて、教育委員会から指定を受けた各学校が「道徳教育推進校」として取り組むため、全国的に類似した課題研究が多く、道徳教育や道徳授業の形式も画一化している傾向がある。

一方、アメリカの人格教育でも、基本的には連邦教育省が中心となり、州や地方の教育委員会がさまざまな非営利団体や高等教育機関と連携して推進することになる。特にNCLB法が施行されて以来、連邦教育省は、「安全で麻薬のない学校局（Office of Safe and Drug-Free Schools）」を設置し、のちに「安全で健康な児童・生徒局（Office of Safe and Healthy Students）」に改編し、人格教育連携プログラムの事業を推進している。このほかに、「市民権局（Office for Civil Rights）」でも市民教育との関連で人格教育の事業を助成している。また、1990年代には人格教育を推進する全米的な組織が次々と登場してきた。

まず、1991年に「共同体主義者ネットワーク（The Communitarian Network）」が創立された。この団体は哲学的な共同体主義に基づき、道徳的価値の歴史性や文化性を認めるとともに、自らの歴史や文化で尊重されてきた共同体的価値

を子どもに教え、個人的な権利と公共的な責任の間によりよいバランスを取ろうとしている。

次に、1992年に「ジョセフソン倫理協会」が『人格に関するアスペン宣言』を行い、「尊敬、責任、信頼、正義、公正、思いやり、市民としての道徳や義務」を核心価値として提唱した。それをうけて、キャラクター・カウンツ連合（Character Counts Coalition）が創設されている。キャラクター・カウンツは、核心価値（core values）あるいは人格の柱石（pillars of Character）として「信頼、尊重、責任、配慮、公正、市民性」を掲げ、それらを計画的かつ系統的に教えようとしている。

さらに、1988年に「自己責任教育過程（Personal Responsibility Education Process）」が設立された。この「自己責任教育過程」は1999年にキャラクター・プラス（CHARACTER plus）と名称を変更して、地域と連携した道徳教育を各教科のカリキュラムに取り入れながら総合的に取り組んでいる[1]。

「自己責任教育過程」の一部は、1993年に非営利の全国組織「人格教育パートナーシップ（Character Education Partnership）」を設立した。この人格教育パートナーシップは、「道徳性と公民的特性の涵養」を目的とし、伝統的な諸価値を尊重しながらも、道徳性発達理論や動機づけ理論など科学的視点を取り入れている。また、学校の教育活動全体で人格教育を行う方針を採り、家庭や地域社会と連携しながら人格教育を総合的に推進している。前述したトーマス・リコーナやマービン・バーコヴィッツなど有名な人格教育の理論的指導者がこの団体に所属して活躍している。

こうしたアメリカの人格教育を推進する諸団体は、積極的かつ計画的に核心価値について指導する点では共通しているが、倫理・哲学的な見解を重視する立場、道徳授業を重視する立場、学校教育全体の取り組みを重視する立場、家庭や地域社会との連携を重視する立場ではアプローチが大幅に異なっている。

日米ともに教育行政機関が中心となり、教育委員会が学校や地方の実情に応じて推進する点では共通している。ただ、日本の道徳教育は文部科学省を中心に全国統一的なアプローチで実施することができるものの、画一的でマンネリ

化しやすいところがある。それに対して、アメリカの人格教育は推進する団体が多数あるため、多様な指導内容や指導方法を開発できている。

(註)
1) この点に関しては以下の論文を参考にした。小柳正司「キャラクター・プラス―米国ミズーリ州における地域連携型道徳教育の取り組み―」『鹿児島大学教育学部教育実践研究科紀要』、2005年。

3節　法令上の位置づけ

　日本では、小・中学校の道徳科は「特別の教科」として学校教育法施行規則における第50条と第72条において位置づけられている。教育基本法の第1条にあるように、教育の目的は「人格の完成」であり、その目的を実現するうえで重要な役割を果たすのが道徳教育である。そして、学校の教育活動全体を通じて行う道徳教育の要となる授業が「特別の教科　道徳」である。従来は教科外活動（領域）であった「道徳の時間」が、2015年に道徳科として教科に格上げになったことになる。

　一方、アメリカの人格教育は、すでに国家教育法で言及しているが、法的拘束力はなく、国家的な命令や財政支援もなかった。その後、学校改善法では人格教育に対する補助金がパイロット事業として制度化され、NCLB法（落ちこぼれ防止法）のもとで人格教育補助金事業として正式に位置づけられた。

　多くの州で同様に人格教育に言及しているが、法的拘束力はそれほど強くない。約3分の2の州が、人格教育を義務づける法律をもつか（例えばニューヨーク州）、州の教育局から人格教育をするよう要請されている。ただし、ほとんどの州では人格教育に関する特別なガイドラインや教師の職能開発を提供していないが、熱心に取り組んでいる州もある。例えば、バージニア州では、15年前に人格教育に関する法律が施行され、あらゆる学校が人格教育のプログラム計画を立てて州の教育局に提出し、そのプログラムをどのように実践し、どのように評価されたかについて再び州の教育局に報告する。

人格教育に関する授業は、「人格授業（character class）」と呼ばれることが多いが、州によって授業の名称は異なる。授業を担当するのは、担任の教師をはじめ、学校専任のカウンセラーや心理学者である場合もある。人格教育の委員会を組織して、校長や副校長など管理職が学校全体で人格教育を組織し推進する。人格教育は、各学年の時間数も学校によってさまざまである。意欲的に週１～２時間の人格授業を行う学校もあれば、特設の授業はなく学校教育全体で人格教育を行う学校もある。

　日本では、いじめ防止対策推進法が2013年に施行されたため、それに対応する道徳教育も推進されている。先述の教育再生実行会議も、いじめ問題等に対応するために道徳教育の充実を求めている。

　こうした事情はアメリカでも同じである。ほぼすべての州がいじめ防止を義務づける法律があるため、そのなかに人格教育を含めることが多い。例えば、いじめを許さない学校環境の整備、規範意識の向上、親の意識化と関与を推進するために人格教育を活用するのである。いじめ防止プログラムとして多くの包括的な人格教育プログラムが開発されてきた。そこにはよくデザインされた規律の手続きやいじめの頻度と種類に関するアセスメントも含まれている。

４節　道徳教育の目標

　日本の道徳教育もアメリカの人格教育も価値を教えるための授業があるが、その実施方法は異なるところが少なくない。そこで次に、道徳教育の目標についてそれぞれ比較検討したい。

　日本の場合、道徳教育の目標は、教育基本法における教育の目標や学校教育法の一部改正で新たに規定された義務教育の目標に基づいて、学習指導要領とその解説書に具体的に記されている。学習指導要領における道徳教育の目標は、小・中学校の学習指導要領の「第１章　総則」の「第１　教育課程編成の一般方針」の２において次のように示されている。

> 　道徳教育は、教育基本法及び学校教育法に定められた教育の根本精神に基づき、自己の生き方（小学校）・人間としての生き方（中学校）を考え、主体的な判断の下に行動し、自立した人間として他者と共によりよく生きるための基盤となる道徳性を養うことを目標とする。

　こうした我が国の道徳教育の目標は、学校の教育活動全体を通じて「豊かな心」をもち、「主体性のある日本人」の育成に資することとなるよう留意することになる。
　次に、道徳科の目標について学習指導要領の「第3章 道徳」の第1節から引用しておこう。

> 　（小学校）第1章総則の第1の2に示す道徳教育の目標に基づき、よりよく生きるための基盤となる道徳性を養うため、道徳的諸価値についての理解を基に、自己を見つめ、物事を多面的・多角的に考え、自己の生き方についての考えを深める学習を通して、道徳的な判断力、心情、実践意欲と態度を育てる。
> 　（中学校）第1章総則の第1の2に示す道徳教育の目標に基づき、よりよく生きるための基盤となる道徳性を養うため、道徳的諸価値についての理解を基に、自己を見つめ、物事を広い視野から多面的・多角的に考え、人間としての生き方についての考えを深める学習を通して、道徳的な判断力、心情、実践意欲と態度を育てる。

　道徳科の目標は、「道徳性」を養うために、「道徳的諸価値について理解」、「自己を見つめること」、「多面的・多角的に考えること」、「自己の生き方」（小学校）や「人間としての生き方」（中学校）について考えを深める学習を行うことになる。そして、「道徳性」の諸様相として、道徳的な判断力、心情、実践意欲と態度があることになる。ここでいう「道徳性」とは、従来の学習指導要領で示された「道徳的実践力」と同様に、道徳的実践ができるような内面的資質であると考えられる[1]。これでは、従来のように読み物資料の登場人物の心情や行動の意味を考えて、道徳的価値の自覚を深めたことにし、道徳性を養っ

97

たことにするおそれもある。こうした授業では「道徳性」は養われても、「道徳的行動力」や「道徳的習慣」にはなかなかつながらないため、実効性が十分に高まらないことがある。

　それに対して、アメリカの人格教育の目標は、道徳的価値について知的な理解をし、道徳的行為を動機づけ、実際の道徳的行為を習慣化し、人格を形成することである。人格教育の授業でも、同様に、子どもが道徳的な物語を読んで核心価値について理解を深め、そのよさを感受したり、道徳的問題の解決策を考えたりして、実際に道徳的実践ができる能力を養い、習慣化することを目標としている。参考までに、人格教育を取り入れた韓国の道徳科の目標も、道徳的価値・徳目の理解を踏まえたうえで、問題解決的な学習や体験的な学習によって道徳的判断力、道徳的実践意欲、道徳的心情のみならず、道徳的実践力や道徳的習慣をも育成することである。このように人格教育の目標は、道徳性の認知的側面、情意的側面、行動的側面を調和的に育成することにある。特に、道徳性の行動的側面を重視することで、実効性を高めているのである。

　また、日本の場合、知育と徳育と体育は分けられ、各教科の学習と道徳の学習は厳密に区別される傾向が強い。そして道徳授業では「道徳性」の情意的側面にだけ焦点を当てることが多い。そのため、知育を担当する教科の方が徳育を担当する「特別の教科　道徳」よりも格上と見なされ優先される傾向にある。

　それに対して、人格教育の授業は、知育や体育とも関連し、道徳的問題を知的に考察したり、道徳的実践に関する体験的な学習やスキル・トレーニングを行ったりして、教科横断的で総合的な学習にする傾向にある。連邦教育省でも、人格教育を行うことで各教科の成績が向上したり、運動のパフォーマンス力が高まったり、人間関係が改善したりすることで、優秀で善良な学校が築かれることを期待している。

（註）
1）　文部科学省『小学校学習指導要領解説　道徳編』東洋館出版社、2008年、30-31頁。

5節　道徳の指導内容

　日本では道徳教育の指導内容は、時代的・社会的要請によって増加していく傾向にある。2015年の学習指導要領（一部改正）における道徳の内容項目は、「A　主として自分自身に関すること」「B　主として人との関わりに関すること」「C　主として集団や社会との関わりに関すること」「D　主として生命や自然、崇高なものとの関わりに関すること」の4視点に分類し直された。そして、小学校第1・2学年で19項目、第3・4学年で20項目、第5・6学年で22項目、中学校では22項目ある。内容項目ごとにキーワードが2～3個ほど示されているため、指導すべき価値内容は項目の数倍にのぼることになる。

　さらに、今日的な課題となる内容（情報モラルや環境問題など）も加える必要がある。これだけの内容項目をすべて遺漏なく、年間を通じて指導しなければならないとすれば、年間35時間の授業時数では一つの内容項目を1～2回程度しか扱えないことになる。これほど指導内容の分量が多いと、一つひとつの道徳的価値について充実した指導をすることは困難になるだろう。また、これほど多くの内容項目や道徳的価値を指導要録ですべて評価することは不可能である。

　アメリカの人格教育では、各教科と違って、国家が規定する指導内容やカリキュラムはない。この点では、地域の学区や学校が多大な自律性をもち、それぞれが人格教育の指導内容と方法を選択することになる。

　人格教育で指導内容を意味する核心価値は、19世紀末から20世紀初頭にかけて学校教育に導入されている。古い人格教育では多くの核心価値を取り上げることが多い。例えば、人格開発連盟（Character Development League）は、1909年に核心価値として「従順、正直さ、誠実さ、無私、共感、義務への献身、有用性、勤勉、忍耐、我慢強さ、自尊心、清らかさ、自制、自助努力、不屈の精神、勇気、勇敢さ、安堵、抱負、中庸、礼儀、仲間関係、愛想のよさ、動物へのやさしさ、正義、諸習慣、忠実、決意、想像力、希望、愛国心、人格」という32の徳目を挙げている。

また、アメリカ人格教育研究所（American Institute for Character Education）は、「勇気、確信、寛容、親切、有用、正直、名誉、正義、忍耐、時間と才能の健全な活用、選択の自由、言論の自由、よき市民性、個人である権利、機会均等の権利」という15の徳目を挙げている。そして、人格教育用のカリキュラムと指導法を具体的に開発し、学校現場で計画的かつ発展的に活用できるように設定した。

　新しい人格教育では核心価値をもっと絞り込む場合が多い。例えば、「倫理と人格向上センター」では、「正直、勇気、責任、勤勉、奉仕、尊重」という6つを挙げている。「キャラクター・カウンツ」では、核心価値として「信頼、尊重、責任、配慮、公正、市民性」の6つを掲げている。「人格教育連盟」は「思いやり、正直、公正、責任、自他の尊重」の5つを掲げている。リコーナは「尊重」と「責任」を道徳性の中核とみるが、さらに「正直、公平、寛容、思慮、自己規律、有益性、同情、協同、勇気、民主主義的な諸価値」を挙げている。参考までに、人格教育を取り入れた韓国の道徳科では、全体志向の主要価値として「尊重」「責任」「正義」「配慮」の4つを挙げ、さらに領域別の主要価値として「自律」「誠実」「節制」、「孝道」「礼節」「協同」、「遵法」「公益」「愛国心」「統一意思」「人類愛」、「自然愛」「生命尊重」「平和」という14の項目を挙げている。このように人格教育は核心価値を限定することで、それぞれを繰り返し重点的に指導し、確実な定着を図るのである。

　こうした人格教育は宗教教育と共通するところがある。宗教教育は一連の宗教的価値を「徳袋（virtue bag）」のなかに詰め込み、それらを子どもに教え込もうとしたわけだが、人格教育もまた同様に複数の道徳的価値を子どもに教えようとしている。そもそもアメリカの公立学校では、宗教について教えることはできるが、特定の宗派に焦点を当てた指導をすることはできない。1962年に公立学校での祈禱が最高裁で違憲と判決され、1963年には公立学校での聖書朗読も違憲と判決されたことで、公立学校では宗教教育が行われなくなった。1963年の最高裁では、学校は宗教が歴史や文化において果たした役割について子どもの理解を助けるために宗教教育をする義務があると判決しているが、ほ

とんどの学校は宗教について教えなくなった。そのかわりに、人格教育が学校で復活し、宗教教育とも共通する普遍的な核心価値（思いやり、正義、寛容、誠実、平和など）を学校で指導するようになったと考えることもできる。

6節　道徳の指導方法

1．伝統的な指導方法

　日本の道徳授業では、道徳に関する副読本を読んで、ねらいとする道徳的価値について理解を深め、「自己の生き方」や「人間としての生き方」について考えを深めるというスタイルが一般的である。現実に子どもたちの間で起きた道徳的問題を取り扱い話し合うという学級活動のようなスタイルではなく、物語を読んで登場人物の心情を理解するという国語科の授業のようなスタイルが多い。

　アメリカでも19世紀に普及した「古い人格教育」では、教師が道徳の読み物資料を用いて子どもたちに既定の道徳的価値を教える授業を行っていた。典型的な例として、『マクガフィー読本（McGuffey's Readers）』のような教科書を子どもに読み聞かせ、道徳的な内容を理解させ人格を陶冶したのである。こうした「古い人格教育」の指導方法は、我が国の道徳授業の指導方法に一定の影響を与えたことも知られている。

　しかし、アメリカではこうした国語科の指導方法に準じた道徳授業をするだけでは、子どもの道徳的な人格を形成するうえでそれほど効果がないことが分かり出すと、実際の生活で道徳的価値を実践することが推奨されるようになる。こうした人格教育は、アリストテレス（Aristoteles）の哲学に依拠して、よい人格は道徳的価値を理解し、それを望み、それを行うことによって形成されると考える。それゆえ、人格教育では、子どもがただ物語を読んで道徳的価値を知的に理解するだけでなく、その道徳的行為をしたいと望み、その価値ある行動をある一定期間続け、道徳的な習慣を形成することを重視する。

　こうした行動的側面を重視した人格教育として、ベンジャミン・フランクリ

ン（Benjamin Franklin）の実行した「十三徳の育成方法」がよく例示される[1]。この方法は、「節制、黙秘、規律、決意、節約、勤勉、誠実、正義、中庸、清潔、温和、純潔、謙譲」という13の徳目を取り上げ、毎週一つの徳目に焦点を当てて学び、それに基づく行動をし、習慣化していくものである。このように人格教育は、子どもの人格の認知的側面や情意的側面だけでなく、行動的側面をも調和的に育成することで実効性を高めていったのである。

2．新しい人格教育の指導方法

「新しい人格教育」では、上述した伝統的な指導スタイルを尊重しながらも、一方では進歩主義教育の流れを汲む価値明確化論やモラル・ジレンマ授業の指導方法も部分的に取り入れ、道徳的問題を多角的かつ批判的に考察するスタイルも推奨している。その際、人格教育の原理・原則を用いて責任のある話し合いができるように工夫している。

例えば、「親切とは何か」「親切はどんなときに示すことができるか」「他人が困っているとき、どのようにすることができるか」などを多角的・実践的に問いかける（写真1参照）。そして、道徳的価値の内容や具体的な実

写真1　「親切（kindness）」について考える授業

践方法、応用する方法までを話し合い、子どもの道徳的な判断力や心情だけでなく行動力や習慣形成にもつなげていくのである。

ここで日米の道徳授業を具体的に比較してみよう。例えば、「努力・忍耐」に関する道徳授業では、子どもたちに人気のあるスポーツ選手を道徳授業で取り上げる例が日米ともに多い。

日本の場合、最後まで頑張って成功した人物の話を読んで、挫折しそうだったときや栄光を勝ち取ったときの主人公の気持ちを問いかけるパターンが多い。例えば、オリンピックで活躍した高橋尚子選手の例を取り上げて、「マラソン

が辛く感じたとき、どんな気持ちだったでしょう」「練習でよい記録がでなかったとき、どんな気持ちになったでしょう」「オリンピックでゴールのテープを切ったとき、どんな気持ちになったでしょう」と高橋選手の気持ちを場面ごとに問いかける。登場人物の心情を共感的に理解することで、子どもの道徳的心情を育み、道徳的な実践意欲を高めようとするのである。

　それに対して、アメリカの人格教育では、読み物資料にそれほどこだわらず、道徳的価値に焦点を絞って熱心に話し合うことが多い。例えば、「忍耐（perseverance）とは何か」「忍耐強く続けることが難しい仕事は何か」「もし忍耐が身についたら、どんなよいことがあるか」「忍耐が人生（の成功）でいかに必要か」などを話し合う。

　そうした道徳的価値を考えるうえでの参考資料として読み物資料を提示する。例えば、マイケル・ジョーダンの自伝を取り上げて、「成功するためにジョーダンはいかに忍耐したか」「ジョーダンの生き方から何を学べるか」を尋ねる。こうした問いを考えるなかで、子どもは「忍耐」という行為の道徳的意義を理解し、「忍耐」の結果や人生に与える影響をじっくり考え、忍耐強く生きようと動機づけられる。そして授業後に、現実的な生活で「忍耐」を実践できる機会を子どもに提供し、その実践から道徳的価値を再認識するように促すのである。

3．問題解決的な学習

　日米ともに問題解決学習を道徳授業に取り入れるようになってきた。ただし、日本の場合、従来のように読み物資料を読んで、「登場人物はどんな気持ちか」「なぜそうしたか」という問題（課題）を解決するような学習が多い。「どの場面の気持ちを考えたいか」「どのような問題を考えたいか」を子どもに決めさせるやり方もある。これらはすべて伝統的な指導方法の一部改変であって、本来なら問題解決学習とは呼べないものである。

　一方、アメリカの人格教育では実際の道徳的な問題場面を取り上げて、「どうすればよいか」を話し合う、本来の問題解決学習を用いる。例えば、人間関

係でトラブルがあった場合、「どうすべきか」を具体的に皆で考えるようにする。例えば、①「問題は何か」、②「その解決策を複数挙げる」、③「解決策を妨害するものを特定する」、④「複数の解決策を一つに絞る」、⑤「その解決策を試して効果を検証する」、⑥「解決策がうまく働いたか評価する」という問題解決のプロセスを踏みながら話し合う。問題解決をする際には、子ども一人ひとりがワークシートに書き込んでから話し合うようにする（写真2・3参照）。

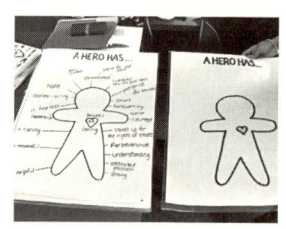

写真2

写真3

　④の「複数の解決策を一つに絞る」際には、因果性、可逆性、普遍性の原理を用いることがある。因果関係を考えるとは、「何が原因で問題（結果）が生じたか」「それぞれの解決策を実行した場合、どのような結果が生じるか」を考える。次に、「可逆性の原理」とは、「自分の立場が逆であっても解決策は妥当であるか」「他人からそうされてもよいか」を問うものである。自分だけに有利な解決策を出した場合、相手の立場では不利な解決策となるため、両者にとって納得できる解決策を考える。また、「普遍性の原理」とは、ある解決策がどのような場合でも当てはまるかを考える。例えば、誰かが赤信号を無視して渡ったとして、それを真似して誰もが次々と赤信号で渡った場合、どのような結果になるかを想定するのである。こうして道徳的な問題を多角的・多面的に考えるなかで、論理的、根本的（批判的）、創造的に考え、主体的に判断し、実際に行動する力を養うことができる。

4．体験的な学習

　日本では道徳授業と特別活動や生徒指導を厳密に分ける傾向が強い。道徳授業では内面的資質としての道徳性を育成することになっており、特別活動では道徳的実践の場を提供することになり、生徒指導では実際の生活習慣を直接指

導することになる。それゆえ、道徳授業でスキル・トレーニングをしたり、構成的グループエンカウンターをしたりすると、特別活動で行うべきだと批判されることもある。

　一方、アメリカの人格教育は多様な展開があり、従来のように読み物資料を使って核心価値を指導する授業だけでなく、エクササイズを使って人間関係を築いたり、スキル・トレーニングを用いて道徳的行為の仕方を学んだり、学級での決まり事や悩み事を皆で議論したりすることが多々ある。

　例えば、ある小学1年生では、クラスの皆と仲よくなり信頼し合う人間関係を築くために、車座になって自分や友達を紹介し合う。次に二人一組になって背中で支え合うエクササイズ（写真4参照）をしたり、グループで協力し合うゲームを行ったりしている。

　ハリー・ファックス中等学校では、協力・連帯の精神を養うために竹の筒を半分に割ったようなものを各自が持ち、その上にビー玉を置いて走らせ、落とさないようにリレーする活動をしている（写真5参照）。また、「身近なヒーロー探し」と称して地元の新聞や雑誌やテレビ番組から情報を収集し、道徳的な話題を議論し合い、発表し合う授業をしている（写真6参照）。

写真4

写真5

写真6

　以上のように、日米では道徳の指導方法が大きく異なっていることが分かる。日本の道徳授業は、読み物資料に登場した人物の心情を理解させ、道徳的価値を自覚させようとする画一的な指導方法が1960年代から確立し、今日でも全国的に広まっている。それに対して、アメリカの人格教育は、単に道徳的価値を理解させるだけでなく、子どもが主体的に学び考え判断するような問題解決学習や、子どもが行動を通して道徳的価値を学べる体験学習など、多種

105

多様な指導方法を取り入れている。特に、新しい人格教育では、道徳的価値を習得することと問題解決能力や行動力・習慣を育成することの両立を図ろうとしているところに特長がある。今後、我が国の道徳科の指導方法を多様化するうえで、人格教育の指導方法から学べる点は多い。

(註)
1) フランクリンの13徳については以下を参照のこと。ベンジャミン・フランクリン『フランクリン自伝』岩波書店、1957年、137-138頁。

7節　道徳の評価方法

　日本では、子どもの道徳性の発達段階や特性等を考慮し、その実態に応じた指導をするよう求められるが、道徳性は人格の全体にかかわるため、数値などで評価してはならないという方針を取る。そのため、子どもが道徳教育を受けることで具体的にどのような道徳的成長につながったかを客観的な数値で明らかにされることはなく、道徳教育の達成度や実効性があいまいになる傾向がある。

　道徳授業では教師のねらいと関連づけて子どもの「心の動きの変化」をさまざまな方法でとらえることもある。その場合でも、評価の対象は、子どもの道徳性ではなく、教師自身の指導の適切さであり、それを基に指導内容や方法を改善することに役立てられる。

　文部科学省の道徳教育推進事業においては、研究を評価するために、「研究課題・内容・方法等との関連において児童生徒の変容をできるだけ具体的に明らかにするよう工夫する」ことが求められる。この場合でも、教師が主観的な判断で、子どもの望ましい姿や態度を紹介する簡単な記述がある程度で、道徳授業との明確な因果関係や数値による客観的な評価で検証されるわけではない。

　一方、アメリカの新しい人格教育では、上述したNCLB法との関係もあり、1990年代から「厳密に科学的に基礎づけられた評価」が求められてきた。そこでは、道徳教育の目標（ゴール）や基準（スタンダード）を設定し、それに対

応した評価（アセスメント）を行い、教育の結果責任や説明責任（アカウンタビリティ）を果たすことが求められる。

ただし、学区や学校の判断で多様な評価方法が導入されている。例えば、リコーナは人格教育の実践を評価するためのアンケート項目として以下のものを提示している。子どもに対する項目では、「お互いを思いやり、助け合うことができる」など、教師に対する項目では、「子どもを公平に扱い、えこひいきしない」など、学校に対する項目では「保護者を尊重し歓迎し配慮する」などであり、それぞれ5段階で評価することになる[1]。

また、人格教育の授業をより厳密に科学的に評価する方法として、介入群と対照群を設定する「ランダム実験モデル」やそれに準じた「疑似実験分析法」が活用されることもある。さらに、近年では、子どもが現実的な状況で課題を解決する力を評価するパフォーマンス評価や、子どものレポート（ワークシート）や作品を評価するポートフォリオ評価が道徳教育にも導入され、多面的に道徳授業における子どもの学習成果を評価している。

前述した人格教育パートナーシップにおいて評価の対象となるのは、実際の学校における「規律問題」「児童生徒の成績」「課外活動への参加状況」「保護者や地域社会の関与状況」「教職員や行政の関与状況」「児童生徒や教職員の士気（morale）」「学校風土全体の改善」である。評価団が学校を訪問すると、子どもの代表が課題活動について説明したり（写真7参照）、保護者が学校の取り組みを評価したりする。このように人格教育の包括的な取り組み全体が多角的に評価され、補助金の支給額や教師の人事評価にまで反映されることがある。

以上のように、日本では道徳教育の取り組みについて「数値などによる評価」を避けるため、客観的に実効性を判断することは難しい状況にある。それに対して、アメリカでは人格教育を実際の学力向上、生徒指導、学級経営などと結びつけて実証的に診断しているため、実効性をより明確に示している。

写真7

(註)
1) Thomas Lickona, "School as Caring Community Profile," The Center for the 4th and 5th Rs. https://www.tn.gov/education/safe_schls/safety_cntr/doc/char_ed_caring_survey.pdf（トーマス・リコーナ著、水野修次郎監訳・編集『人格の教育―新しい徳の教え方学び方―』北樹出版、2001年、166頁）

8節　道徳教育と生徒指導

1．道徳教育と生徒指導の関係

　日本では、道徳教育（道徳授業）と生徒指導・教育相談・カウンセリングを分けて考える傾向が強い。道徳教育では、豊かな人間性や道徳性を長期的に育成することとし、生徒指導等では、実際の子どもの問題行動に対処することとして、それぞれ役割分担する傾向が強い。それゆえ、いじめや人間関係など日常生活の問題に道徳授業があまり効果的でなくても、生徒指導や教育相談で実際に課題解決すればよいと考えるのが慣例である。

　それに対して、アメリカの人格教育は生徒指導、教育相談、カウンセリングと密接に関連しており、実際の子どもの問題解決に役立てようとする傾向が強い。例えば、学級で人間関係のトラブルや道徳的問題（いじめ、暴力、からかい、盗難、カンニングなど）があれば、人格教育の課題として対応されることが多い。子どもは人格教育を通して「寛容、理解、尊重、平和」を尊重し、争いの解決、いじめ防止、仲間による仲介、学級会のやり方を学ぶ。教師は子どもの問題行動やトラブル（例えば、悪口、人種的な中傷、無神経な性的発言、外見への中傷、経済的・社会的身分に関する差別的発言など）を見逃さず、建設的に対処する。その際、今後の防止策を考えるとともに、個人的・経済的・文化的相違に対する理解と尊重を高めるようにする。

　シップレイ中等学校では、人格教育の一環として学期の始めに学級目標や賞罰規定（compact）を自分たちで作成し、表明する。そこでは、「快適な学校生活を送るためにどのような学級にしたいか」を皆で話し合う。例えば、「相手

の悪口を言ったり冷やかしたりしない」「人の話をよく聞き、話し合う」「皆で助け合い協力し合う」などの目標を立てる。その後、その学期中に目標を達成するための実践を行い、学期の終わりに子ども同士で実績を数値化して評価する（写真8参照）。こうした学級の目標のなかには、学級担任の教師にしてほしいこと（例えば、「学級の子どもをえこひいきしない」など）も含まれている。

写真8

また、子ども同士で立派な行為を承認し合い感謝状を送ったり、ボランティア活動で活躍したグループを学校全体で表彰したりすることも盛んに行われている（写真9参照）。

写真9

2．生徒指導室の役割

　日本では、子どもが重大な問題行動を起こした場合、生徒指導室に呼ばれ、生徒指導主事等の教師から厳正な指導や説諭を受けることになる。一般に生徒指導室は、子どもに深い反省や謝罪を求める部屋と見なされ、ネガティブな印象をもたれることが多い。

　アメリカでも人格教育を推進している学校では、「選択計画室（choice-planning room）」がある。例えば、6章で取り上げるウォーター・ルー中等学校では、問題行動を起こした子どもはこの選択計画室に行って、一つのブースに座り、自分の過去の行動をふり返る（写真10参照）。そこで「どのような考えでどのような行動したのか」「そのときに必要だった核心価値は何だったか」「別の選択肢はなかったか」「どのような原因でどのような結果になったか」「これからどのような核心価値を獲得すべきか」「これからどう行動したらよいか」などを一人で静かに考える。

写真10

その後、カウンセラーや担任教師が子どもの内省を深めるための支援を行う。ここでの指導は、問題のとらえ方、対処の仕方、今後の対応策を内省するよう促すことであり、人格（道徳）の授業とも深く関連している。

9節　学校全体での取り組み

　日米ともに道徳授業だけでなく、学校の教育活動全体を通して道徳教育を行うことが重視され、学校・家庭・地域の間で連携・協力することが求められる。

　日本では、学校の教育活動全体を通して道徳教育を行うことが一貫して重視されきた。特に、戦後は修身科の授業を反省して、子どもの日常的な生活経験に結びつけながら、学校教育全体で道徳教育をすることが強調されてきた。学習指導要領でも、校長の方針のもとに「道徳教育推進教師」が中心となって道徳教育全体の指導体制を充実させることが重視されている。こうして道徳的雰囲気をもつ学校を築くことが、単に「心の教育」をするだけでなく、いじめや不登校などの生徒指導上の問題解決や学力向上にも役立つと考えられる。

　ただし、道徳授業は、学校の教育活動全体で行う道徳教育の要として設定されているが、実際は学習指導、生徒指導、特別活動と区別されているため、相互の関連性を実証したり、統合的に活用したりすることは困難な状況にある。

　一方、アメリカの人格教育でも、学級あるいは学校だけでなく家庭や地域社会と連携した包括的な取り組みを推奨している。古い人格教育では、授業で既定の徳目を教え込むことに執着することもあったが、新しい人格教育は、特設の授業だけでなく学校・家庭・地域の諸活動を通して道徳教育に包括的にアプローチする傾向にある。

　また、人格教育は学級や学校を「ケアリング・コミュニティ（配慮の共同体）」にし、教師は学習と道徳の共同体のメンバーとなって人格教育の責任を分かち合うとともに、保護者や地域社会のメンバーと人格形成の役割を担うパートナーとなることを重視している[1]。

　7節でも述べたように、人格教育を評価する場合は，必ず「教職員や行政の関与状況」「保護者や地域社会の関与状況」が重点項目として設定されている。

(註)

1) Carol Gilligan, *In a Different Voice,* Cambridge: Harvard University Press. Nel Noddings, *Caring: A Feminine Approach to Ethics and Moral Education*, Berkeley: University of California Press, 1984.（ネル・ノディングズ著、立山善康、清水重樹、新茂之、林泰成、宮崎宏志 訳『ケアリング―倫理と道徳の教育―女性の視点から』晃洋書房、1997年）

10節　日米の比較から見えてくるもの

1．類似点と相違点

　以上のように、日本の道徳教育とアメリカの人格教育を比較検討することで見えてくる類似点と相違点を確認しておきたい。

　両者の類似点としては、第一に、学校の教育活動全体を通して道徳的価値を計画的かつ発展的に指導する点である。両国とも道徳（人格）の授業をはじめ、各教科や領域等で多様な教育実践が行われている。

　第二に、道徳教育を充実させることで、子どもの現実的な問題行動や道徳的課題にも対応しようとしている点である。特に近年は、両国とも道徳教育がいじめなど問題行動等にいかに有効かを検証する研究が活発である。

　第三に、校長の方針のもとに道徳教育推進教師（人格教育リーダー教師）を中心に全教職員が道徳教育の目標を共有して取り組んでいる点である。教師一人ひとりが道徳教育の目標において合意を形成し、自分の個性や能力を発揮して積極的に関与することで指導効果を上げている。

　第四に、学校が家庭や地域社会と連携・協力しながら包括的に取り組んでいる点である。教師が保護者や地域の人々と連携・協力することで、道徳教育の目標を共有し、情報を交流し合い、首尾一貫した教育実践をすることが可能となっている。

　その一方で、両者の相違点も明確になってきた。いくつかポイントとなる点を指摘しておきたい。

　まず第一に、日本の道徳教育は、道徳性の情意的側面（心情、意欲、態度）

に重点を置いて指導するが、アメリカの人格教育は人格の認知的側面、情意的側面、行動的側面をバランスよく育成しようとする点である。日本でも新設された道徳科では、道徳性の認知的側面（理解力、思考力、判断力）を重視する向きもあるが、実効性を高めるためには行動的側面（行動力、習慣）も適切に指導することが必要であるだろう。

　第二に、日本では道徳教育を各教科や生徒指導や特別活動と区別しているのに対して、アメリカでは人格教育を各教科や生徒指導などの教育活動と密接に関連づけている点である。道徳性の育成は、学力の向上やスポーツの成績にも結びついている。道徳科では各教科や生徒指導や課外活動と意図的に統合したり関連づけたりした取り組みが大切になるだろう。

　第三に、日本では道徳の内容項目の中に50以上の道徳的価値を提示し、その理解を深めることで道徳性を育成しようとするのに対して、アメリカの人格教育は道徳的価値を6〜8程度の核心価値に絞り込んで重点的に指導している点である。道徳的価値の内容を浅く薄く総花的に教えるよりも、各学校の特色や子どもの発達段階に応じて核心価値を絞って重点的に指導した方が効果的ではある。

　第四に、日本では道徳教育で子どもの内面的資質としての道徳性を養おうとしているが、アメリカでは人格教育で内面的資質のみならず、実際に生活で生きて働くような能力（コンピテンシー）を養おうとしている。子どもの道徳性が授業内だけでなく、実際の生活や今日的課題にも活用・応用できるようにするためには、より実践的な問題解決能力や行動力を養う必要がある。

　第五に、日本の道徳教育は倫理学や哲学からの影響が強く、道徳性の概念やその指導方法についても観念的で理想主義的な指導法になりがちである。それに対して、アメリカの人格教育では、発達心理学や動機づけやカウンセリングの理論、価値明確化論やモラル・ジレンマの授業方法、リーダーシップ教育やシティズンシップ教育をも柔軟に取り入れて多様化している。日本の道徳教育でも心理学や社会学のアプローチを取り入れ多様化を図ることが求められる。

　第六に、日本の道徳授業は数値などによる評価ができないため、指導効果を

確認することが難しいが、アメリカの人格教育は科学的に根拠のある多角的な評価方法を積極的に取り入れている点である。子どもの道徳性の発達状況を把握するとともに、指導内容や方法の効果を検証し、その改善に役立てるためにも、効果的な評価方法を導入することが重要になる。

そもそも戦後、我が国の道徳教育は、アメリカの「古い人格教育」から少なからぬ影響を受けて、心情主義や徳目主義の道徳授業を構築してきている。ただ、それから半世紀以上が経つ今日、我が国の道徳教育は硬直し機能不全を起こしているところがある。こうした道徳教育を再構築するためには、アメリカの「新しい人格教育」から多くの示唆を受けることができるだろう。新しい人格教育の強みは、科学的に根拠のある実験的プロジェクトを取り入れている点である。人格教育の理論から仮説を構想するとともに、それを実践するなかで効果を検証し、理論や仮説を再構築するスタンスを維持している。

日米の道徳教育における歴史的経緯や特性をそれぞれ尊重しつつも、より実効性のある道徳教育のあり方を求めて参照し、改善に役立てることはできる。我が国でも人格教育の長所は積極的に取り入れ、道徳教育の形骸化を克服し、実効性の高い道徳教育を求めていく必要があるだろう。

2. 新しい人格教育の課題

以上のように、新しい人格教育は我が国の道徳教育とは異なる優れた特徴があるが、いくつかの課題も指摘される。

第一に、「新しい人格教育」も道徳的な価値観や考え方を知識として教えること(インカルケーション)を決して否定していない点である。もちろん、教師が偏狭な価値観を子どもたちに押しつけるようなことはしないが、授業のねらいとする道徳的価値を設定し、その参考となる考え方や価値観を積極的に提示して子どもの思考を方向づけようとする。この手法は、教師が信じる思想や教義を一方的に注入すること(インドクトリネーション)になりかねないため、進歩主義教育の立場から反対されることもある。もしこの歴史的・文化的・社会的に正当化されてきた道徳的価値観が間違っていても、それを教師は善意で

子どもたちに押しつけることになるのである。教師は常にそうした教育や指導の偏向や危険性を自覚しておく必要があるだろう。

　第二に、「新しい人格教育」は、共同体主義の見地から歴史的・文化的・社会的な価値の相対性を認めているが、根本的には伝統的な価値観や宗教（特にキリスト教）の価値観と共通するところが多い点である。それゆえ、人格教育は伝統的な価値観や宗教的な信条を信じている者にとっては受け入れやすいが、そうでない者にとっては抵抗を感じることがある。この場合、「誰の知識を優先して教えるのか」「誰の人格を基準とするのか」という議論に発展して、アイデンティティ・ポリティックスのような政治的論争にもなりかねない。例えば、人格教育が社会的地位の高く上品で高潔な上層階級、アメリカでいえばWASP（白人でアングロサクソン系のプロテスタント）文化に価値基準を合わせることにしたら、そうした文化に安住する特権的な人々には有利に働くが、その文化に抵抗を感じる人々（マイノリティ）には不利に働いて不公平になる。ここでも教師は冷静に自分の立ち位置や思想的傾向を点検する必要があるだろう。

　第三に、「新しい人格教育」は、上述の批判や反論を考慮に入れ、進歩主義教育の流れを汲む価値明確化論やモラル・ジレンマ授業の手法を部分的に取り入れ、また問題解決学習や体験学習も柔軟に導入している。しかし、それが道徳的価値を教えようとする「古い人格教育」との間で齟齬を生じさせていることもある。価値明確化論やモラル・ジレンマ授業でオープン・エンド方式を取り入れると、「古い人格教育」のように道徳的価値（徳目）を計画的かつ発展的に一つひとつ教えることはできなくなってしまう。また、価値明確化論やモラル・ジレンマ授業では、子どもが道徳的問題の解決に取り組む学習過程を重視するため、授業の結果としての実際の行動や習慣に結びつくかどうかはあまり重視しない。こうした点で新しい人格教育は二重構造を内に抱え込むことになっている。

　以上のような新しい人格教育の課題は、近い将来において日本の道徳教育でも直面するものであろう。道徳的価値を教えることと道徳的な問題を解決する力を育成することを結合するための創意工夫が求められる。

第5章
新しい人格教育の成果と課題
～学力向上と規律改善（いじめ防止）との関連から～

　アメリカでは1990年代から新しい人格教育が導入されてきたわけだが、その目的は単に人格形成だけを目指すのではなく、学力向上や規律改善（いじめ防止）にも役立てることにあった。

　本章では、新しい人格教育が実際に学力の向上や規律の改善（いじめ防止）に効果があったのかという点から検討したい。

1節　人格教育と学力向上の関係

　新しい人格教育は、単に子どもの人格を善良に育てるだけでなく、学力の向上にも寄与すると考えられてきた。例えば、新しい人格教育を理論的に指導してきたリコーナも1992年に刊行した『人格のための教育』において、人格教育が学業成績を向上させるうえでも役立つことを強調し、人格教育と教科指導を区別するのではなく、相互補完的にとらえることが肝要であると見ている[1]。ただし、リコーナがここで指摘する人格教育と学力向上の相互補完的な関係は、客観的な数値で実証されたものではなく、個別の事例と一般的な考察に基づく判断にすぎなかった。

　そこで、1993年にリコーナらが中心となって設立した全米規模の人格教育パートナーシップでは、優秀な学校や教育実践を表彰する際に、必ず学業成績の向上を客観的に評価し、人格教育の成否を判断する重要な基準として見なすように設定した。

　その後、子どもの学業成績を診断するハイステイクス・テストが全国的に導入される時期から、人格教育プログラムは学力向上と結びつけて語られることが多くなった。特に、落ちこぼれ防止法（NCLB）では、学校が目先の学業成

績の向上に取り組むだけでなく、人格教育の充実にこそ従事するべきであると強調している。これは賞罰によって一時的な学力向上を促すだけでなく、学力と人格の両方を総合的に高めることで永続的な教育効果をもたらそうというねらいがあった。学校がこうした「二重の責務」をもつことについては、アメリカの連邦政府や教育省のみならず、これまで人格教育には熱心でなかった全国教職員組合（NEA）でさえ同意し、推進するようになった。

　人格教育の直接的な指導が子どもの学力によい影響を及ぼすことは、十分に想定される。そもそも子どもたちが「高い目標を立て」「主体的に」「粘り強く」「まじめに」「強い意志で」勉強すれば、それ自体が（勉強に関する）道徳的価値を実践していることになり、その結果として学業成績が向上するのは、当然のことである。

　実際に、アメリカの人格教育プログラムを行った学校や学級が学業成績の向上にもつながったことを客観的に検証した研究は、これまでも数多く報告されてきた。そこでは、実際に人格教育を行った介入群と対照群を設定して検証する「ランダム実験モデル」やそれに準じた「疑似実験分析法」が一般に活用されている。

　そうした人格教育と学力の直接的な因果関係だけでなく、「安心で安全な学校や学級」を作ることが子どもたちの心の安心や自己肯定感をもたらし、結果として間接的に学業成績を伸ばしていることを実証する研究も盛んに行われている。

　例えば、「平安な学校プロジェクト」では、人格教育を受けている学校の子どもは、他の学校の子どもと比べて、心が穏やかで安らかであり、標準テストの成績も向上したと報告している[2]。また、「応答する教室」では、子どもたちがソーシャル・スキルを身につけ、互いに尊重し合い応答し合う（責任をもつ）ことができるようになるにつれて、標準テストの成績も高まったことを実証的に示している[3]。「子ども発達プロジェクト」では、小学校でこのプロジェクトを受けた子どもたちがのちに中等学校でどうなるかを追跡調査し、他の中等学校の子どもたちと比べて高い評定と高い到達テストの成績を取っている

と実証している[4]。「シアトル社会発達プロジェクト」では、人格教育を通して子どもたちが主体的に社会活動をすることで、何事にも積極的に取り組む習慣が形成されたことを実証している。さらに、各種の調査において高品質の人格教育が学業の達成を促進していることを実証している。バーコビッツ（M.W.Berkowitz）とビア（M.Bier）によれば、学業達成を強化しているのは、初等・中等・高等学校の子どもにとって人格教育であることを論証した[5]。

　こうした実証的な研究から分かるように、新しい人格教育は子どもの学力向上に顕著な効果を及ぼしていることは確かである。しかし、これらは特定の教育課程プログラムが効果的であったことを実証しているにすぎない。多くの学校はこうした特定の人格教育プログラムに依拠しているわけではなく、それぞれ独自に改良した人格教育プログラムを創り出して実践しているため、個別にそのプログラムの教育効果を実証する必要がある。

　我が国でも道徳教育推進校の指定を受けた小・中学校では、子どもたちの道徳性が向上しただけでなく、全国学力調査における学業成績も向上したことを公表することは少なくない。しかし、どのような道徳教育プログラムが子どもたちにどのような影響を与え、どれだけ学業成績に効果を及ぼしたかについては、十分な実証的分析や追跡調査が行われているわけではない。この点で、日本でも新しい人格教育のように学業成績と関連づけた実証的な研究を行って検討する必要があるだろう。

(註)
1) Thomas Lickona, *Educating for Character: How Our Schools Can Teach Respect and Responsibility,* Bantam, 1991, pp.208-216.（三浦正訳『リコーナ博士のこころの教育論─〈尊重〉と〈責任〉を育む学校環境の創造』慶應義塾大学出版会、1997年、224-232頁）。同様の内容は次の書も参照のこと。Thomas Lickona, *Character Matters, How to Help Our Children Develop Good Judgment, Integrity, and Other Essential Virtues,* San Val, 2004, p.121.（水野修次郎、望月文明訳、『「人格教育」のすべて─家庭・学校・地域社会ですすめる心の教育─』麗澤大学出版会、2005年、194頁）
2) Stuart W. Twemlow et al., "Creating a Peaceful School Learning Environment: A Controlled Study of an Elementary School Intervention to Reduce Violence," *American Journal of*

Psychiatry, vol. 158, 2001.
3) Stephen N. Elliott, "Does a Classroom Promoting Social Skills Development Enable Higher Academic Functioning Among Its Students over Time?" *Northeast Foundation for Children*, Greenfield, Mass., 1998.
4) Victor Battistich and Sehee Hong, "Enduring Effects of the Child Development Project," *Developmental Studies Center*, Oakland, Calif., 2003.
5) Marvin W. Berkowitz and Melinda C. Bier, *What Works in Character Education?* Washington, D.C.: Character Education Partnership, 2005.

2節　人格教育と規律改善（いじめ防止）の関係

　次に、新しい人格教育は規律改善や生徒指導に実際どれほど役立つのかを検討したい。特に、昨今の我が国では「いじめ問題等に対応する道徳教育の充実」が課題となっているため、生徒指導と人格教育の関連性に注目したい。

　本書の冒頭でも述べたように、アメリカでは1970年代から80年代にかけて学校での問題行動（麻薬、暴力、いじめ、銃、飲酒など）が頻出して荒廃してきたため、1990年代から学校にゼロ・トレランス方式を導入して毅然とした規律改善（生徒指導）が求められることになった。1994年にアメリカ連邦議会が各州にこの方式の法案化を義務付け、1997年にクリントン政権下でこの方式を学校に導入するよう呼びかけることで普及した。ゼロ・トレランス方式は、小さな問題行動に対しても違反者に例外なく指導基準に従って段階的指導を行い、問題に応じた罰則を与えて反省を促すため、確かに即効性があり一時的な効果は顕著にある。しかし、こうした指導方針は、教師と子どもとの信頼関係を損ねるところもあるため、長期的には悪影響も大きい。

　そこで、1990年代には、ゼロ・トレランス方式と並行するかたちで、「安心で思いやりのある道徳的環境」を整備するために「新しい人格教育」が導入されていった経緯がある。前述した「落ちこぼれ防止法（NCLB）」でも、人格教育がこうした問題行動の防止や抑制に効果があることを期待している。

　また、アメリカでは2009年から2010年にかけていじめによって子どもの自殺が連続して起こり、マスコミ報道で大きく報道され社会問題化したことも注目

に値する。まず、2009年に6年生の男子児童（当時11歳）のカール（Carl Walker-Hoover）が「女の子のようだ」とからかわれるいじめを受け続けて自殺した。同年、男子生徒（当時17歳）のタイラー（Tyler Clementi）がアスペルガー症候群であることを理由に暴力的ないじめを受け自殺した。2010年にはアイルランドからアメリカへ転校してきた女子生徒（当時15歳）のフィービ（Phoebe Prince）がいじめを苦に自殺し、2人の男子生徒と4人の女子生徒が重罪で告発された。こうしたいじめ自殺事件がこの時期に学校で年間30件以上も起きたことがマスコミ等で盛んに取り上げられ社会問題になった。

　いじめをなくすための積極的な社会的対応が求められ、ほぼすべての州でいじめ防止の法令をもつに至った。例えば、ニュージャージー州の法令では、学校職員はいじめ事件をそれが発覚した日に校長に報告しなければならない。その日のうちに学校は調査を始め、10日以内にいじめ問題を解決しなければならない。こうした法令はネットいじめ（サイバーいじめ）を含め学校内外のいじめ問題すべてに適用されることになった。こうした法的整備と並行して、新しい人格教育も深刻ないじめ問題等に対応できる規律指導として活用されてきたのである。

　こうしたアメリカの社会現象は、我が国とも共通している。日本でもいじめ自殺事件が連続して起こり、社会問題化してきた。特に、1986年に東京都中野区で鹿川裕史君（13歳）、1994年に愛知県西尾市で大河内清輝君（13歳）、そして2011年に滋賀県大津市で本多広樹君（13歳）がいじめを苦に自殺する事件が起こると、大きな社会問題になった。こうした事件をうけて文部科学省もいじめ対策に本格的に乗り出し、1985年にいじめの定義を行い、1994年と2007年にその定義を変更し、いじめの実態調査とその対策を打ち出している。さらに、2013年には「いじめ防止対策推進法」が施行され、いじめへの対応と防止について学校や行政等の責務を規定した。この流れで2013年に教育再生実行会議が「いじめ問題等」に対応するために道徳教育の充実を提言するに至るのである。

　同じ時期にアメリカでは、いじめが多くの副次的な悪影響を及ぼすことも議論されてきた。例えば、アメリカでは約16万人の児童・生徒が「いじめを受け

たくない」という理由で不登校になっていること、学校襲撃事件を起こした犯人の多くは学校で深刻ないじめを受けていたこと、大人になってから学校内で受けたいじめについて訴訟を起こし、その内の60％の加害者が有罪判決を受けていることなどが問題視されてきた。また、学校でいじめを受けた被害者は、人間関係に不安を感じるようになり、学級活動にも参加できなくなり、学業成績も顕著に低下する傾向という報告もある。こうしたいじめの深刻な実態が明るみに出るにつれ、アメリカでは人格教育でもいじめ防止教育を積極的に行おうとする機運が高まっていったのである。

3節　アメリカでのいじめ防止教育

次に、アメリカで実践されている代表的ないじめ防止教育として、まずオルヴェウス（Dan Olweus）のいじめ防止プログラム（OBPP）を取り上げる。次にボーバ（Michele Borba）のいじめ予防教育、そしてリコーナの人格教育論と関連したいじめ防止教育の実践事例を検討してみたい。

まず、オルヴェウスのいじめ防止プログラムとは、もともとノルウェーで開発された科学的ないじめ対策であり[1]、世界的に普及しており、アメリカでもすでに8,000校以上が導入している。オルヴェウス・プログラムでは、いじめを次のように定義している。(1) 誰かに卑劣で傷つくことを言ったり、からかったりする。(2) 誰かを完全に無視したり排除したりする。(3) 誰かを室内でたたく、蹴る、押す、突く、閉じ込める。(4) 人について嘘を言う、悪い噂を流す、悪口を書き送る、他の子どもたちにある人を嫌いにさせる。(5) 他人にひどいことを行う。こうしたいじめの定義は、「言葉によるいじめ」「身体的ないじめ」、あるいは「直接的ないじめ」と「間接的ないじめ」に分類し、具体的ないじめの行為を提示しているため分かりやすい。我が国の文部科学省が2006年に提示したいじめの定義は、「自分より弱いものに対して一方的に、身体的・心理的な攻撃を加え、相手が深刻な苦痛を感じるもの」であるが、オルヴェウス・プログラムと比較すると、非常に抽象的かつあいまいであり、解釈に差が出やすいものとなっている。

このオルヴェウス・プログラムがアメリカの52万人以上の子どもに行ったいじめ実態調査によると、17％の子どもが月2～3回以上いじめを受けており、小学校では23％、中学校では17％、高等学校では11％である。また、10％の子どもが月2～3回以上いじめを行っている。また、この調査では、「いじめが誰にどこでどのように起こるか」「いじめられているのを見たときどうするか」も聞いている。調査結果では、いじめは休み時間や昼休みなどに校庭やカフェテリアなど教師の目の届かないところで行われる傾向があった。また、いじめを傍観している子どもたちの半分以上は、何らかの方法で被害者を「助けてあげたい」あるいは少なくとも「助けるべきだ」と感じている。この調査から、傍観者が被害者に共感していることは確かであるため、いじめから被害者を救済するための効果的な支援方法を教え、いじめをなくす義務感覚をもって行動するよう指導するのである。

　このプログラムの具体的内容としては、①学校全体の取り組みと位置づける。②アンケート調査を無記名で行い、いじめの実態を把握する。③全校会議で校長、教師、心理学者、カウンセラー、親、子どもの代表でいじめ対策を決め、明確な学校のルール（校則）として児童会・生徒会が公式に宣言する。④休み時間や昼休みなどに教師が校庭やカフェテリア等を見回り監督する。⑤いじめの相談ができる電話相談サービス（ホットライン）を開設する。教室では、⑥クラスでのルールを作り、週ごとに学級会で話し合う。⑦少人数で共同学習を行い、他者への思いやりや気づかいができるようにする。個人のレベルでは、⑧いじめが起きた場合、加害者と個別面談を行い、態度が改まらない場合は、校長や親を招いた面談を行う。⑨被害者と個別面談し、いじめから被害者を確実に保護する。⑩いじめの両当事者の保護者と連絡を取り、綿密な協力関係を築く。直接やめるように注意することもあるが、できなければ校長、大人、カウンセラーに報告する。また、ロールプレイでトレーニングをする場合もある。さらに教師集団にいじめ防止プログラムの研修を行う。

　こうした取り組みによって各学校で平均して「言葉によるいじめ」は2年で22％減少、「身体的ないじめ」が2年で23％減少したと報告している。

次に、ボーバが提唱するいじめ防止教育を検討したい。ボーバは具体的に以下のようないじめ防止教育プログラムを提唱している[7]。第一に、心情的に安全で暴力のない学習環境を創る。いじめが最もはびこる場所（ホットスポット）を特定し、それを意図的に減らしていく。第二に、いじめに反対する方針の諸項目を明確に設定していく。第三に、いじめの加害者、被害者、傍観者を特定したうえで、いじめの被害者にはいじめから逃れる戦略を適用し、いじめの犠牲にならないようにする。第四に、傍観者の支援をリストに挙げ、いじめをどう報告し、どう対応するかを教える。子どもだけでなく親にも新しい学校規模のいじめ防止のルールを紹介する。

　以上の点を踏まえ、ボーバは、実証された堅実な研究に基づいていじめを減らす「６つの本質的措置（6Rs）」も提唱している。この措置とは以下のとおりである。第一に、いじめに反対する方針やルールを確立する（Rules）。第二に、いじめに気づき認知する方法を教える（Recognize）。第三に、いじめを教師に報告するための手続きを作る（Report）。第四に、いじめに対応するための方法を教える（Respond）。第五に、いじめを拒絶し、犠牲を減らすための戦略を教える（Refuse）。第六に、加害者の攻撃性を「受け入れられる技能や信念」に置き換える（Replace）。そして共感能力を養い、互いに尊重する人間関係を増やす根本的な習慣を教えていく。最後に、以上のような多様ないじめ防止プログラムの効果を定期的に検証して評価することになる。

　第三に、リコーナの人格教育論に関連したいじめ防止教育を検討したい。

　リコーナは人格教育がいじめ防止教育にも有効であることを指摘したうえで、学校規模の取り組みとして以下の事例を紹介している[8]。

　まず、校内のいじめや暴力行為について実態調査（アセスメント）する。次に、学校規模でいじめや暴力を禁止する校則やカリキュラムを設定し、教師がいじめの予防、警戒、支援を積極的に行う。子どもの方には、「否定的行為を抑えるためには心理学的に反対のことをせよ」という原則のもと、サービス・ラーニング（社会奉仕学習）やピア・サポート（子ども同士の支え合う活動）や生徒会活動などに積極的に参加するよう促す。また、いじめ等を教師に報告

するための選択肢を複数用意し、問題の早期発見とその解決に取り組んでいる。

　学級規模でいじめ防止をする取り組みとして、リコーナは次のような事例を紹介している。教育活動全体で自他の多様性を尊重するように指導する。また、自他の理解を促すために、学級全員で互いに二分間のピア・インタビューを行う。学級経営も重視され、学期の始めに学級目標を皆で作成し、それを堅持する。いじめ問題等が起きた際の対処方法を事前に指導しておき、実際に起きた場合は学級会を行って解決する。

　日々の生活では、自己評価と目標設定を定期的に行って自らの言動を振り返るとともに、「協働的な学習」や「批評的なサークル活動」を促す。また、子ども同士が匿名で賛辞を贈る活動を行ったり、子どもの善行を学級便りで家庭に定期的に送ったりする。国語の時間では文学や偉人伝を通して道徳的価値を共感的に理解させる。こうした多様な指導法は、一般的な人格教育の方法としてもすでに知られているものも多いが、いじめ防止教育としても役立つとリコーナは主張している。

　以上の３つのいじめ防止プログラムは、ただ単発的な道徳授業として行うのではなく、特別活動（学級活動）や各教科なども含めて総合的かつ計画的な取り組みをする点で共通している。また、実際にいじめ問題を解決・解消するために顕著な効果があることも検証されている点で共通している。我が国でも上述した教育プログラムと類似した取り組みは少なからずあるが、道徳教育ではなく生徒指導や特別活動（学級活動）と見なされてしまい、客観的な評価も行われないことが多い点で課題がある。

(註)
1) Dan Olveus, *Bullying at School: What We Know and What We Can Do*, Oxford, Blackwell, 1993, pp.63-67.（ダン・オルヴェウス「ノルウェー」、森田洋司 総監修『世界のいじめ：各国の現状と取り組み』金子書房、1999年、136頁）
2) Michele Borba, "The Essential 6 R's of Bullying Prevention, How to Create Safe, Caring, Moral Learning Climates and Reduce Bullying on Our School Campuses," 2012. Http://www.micheleborba.com. 次の書にも「いじめられたときの６つの対抗策」が記されている。Michele Borba, *Building Moral Intlligence, Sobel Weber Associates*, Inc., New York, 2001.（ミ

ッシェル・ボーバ著、丸山聡美訳、『道徳の練習帳―キレない子、みんなと仲良くできる子に育つ7つの力―』原書房、2005年、246-250頁）

3) Thomas Lickona, "Prevent Bullying, Promote Kindness: 20 Things All Schools Can Do," *Excellence & Ethics*, Winter/Spring 2012. Thomas Lickona & Matthew Davidson, *Smart & Good High Schools –Integrating Excellence and Ethics for Success in School, Work, and Beyond*, Cortland, N.Y.: Center for the 4th and 5th Rs（Respect & Responsibility）/ Washington, D.C.: Character Education Partnership, 2005.（トーマス・リコーナ、マッド・デビッドソン著、柳沼良太監訳『優秀で善良な学校』慶應義塾大学出版部、2012年） Thomas Lickona, *Educating for Character: How Our Schools Can Teach Respect and Responsibility*, Bantam, 1991.（三浦正訳『リコーナ博士のこころの教育論―〈尊重〉と〈責任〉を育む学校環境の創造』慶應義塾大学出版会、1997年）

4節　いじめ問題に対応する道徳授業

　次に、いじめ問題に関する人格教育の授業を検討したい。昨今、いじめは日米ともに学校の深刻な問題として取り上げられるが、道徳授業の指導方法は異なっている。

　アメリカの人格教育では「いじめはなぜ悪いか」を話し合い、実際に起きたいじめの事例を検討することが多い。例えば、ある女子がスポーツの試合でミスをして負けてしまい、あとでメンバーからひどいいじめを受けたという実話を取り上げる（写真1）。

写真1

　教師が「いじめの原因は何だったか」と質問すると、「加害子どもが厳しすぎる罰則を与えたこと」「被害生徒が練習をサボったこと」「遊びのつもりでいじめたこと」などが子どもたちから挙げられる。

　次に、「こうしたいじめをなくすためにどうすればよいか」という問いかけに対して、「互いに思いやる精神が大切だ」という一般論だけでなく、「努力したプロセスを重視すべきだ」「話し合って罰則のルールを変えるべきだ」「被害生徒を教師

写真2

や仲間が守るべき」「被害生徒がうまくプレーできるよう支援する」という具体的で建設的な解決策も出される（写真２）。

このようにアメリカの人格教育では、事例研究において問題の解決策まで踏み込んで具体的に話し合うため、実際の日常生活で起こる諸問題にも応用され、実効性が高い。

5節　人格教育の成果と課題

新しい人格教育は、アメリカですでに30年以上も推進されてきたなかで、優れた教育実践を通して学力向上や規律改善（いじめ防止）に一定のよい影響を与えたことは客観的にも実証されている。それが成功した理由としては、以下の４点を指摘できる。

第一に、新しい人格教育は、科学的方法で効果を検証し評価している点である。子どもたちの実態を調査（アセスメント）して、具体的な教育目標を設定して、実践の効果を検証し評価する一連のサイクルがしっかり機能している。ただし、客観的な数値による評価だけでなく、アンケート調査のように主観的な評価も併用している点に留意する必要がある。

第二に、単に道徳的価値（徳目）を教え込むような旧式の授業ではなく、道徳的価値の実践や習慣形成に重点を置いた授業を行っている点である。問題解決的な学習や体験的な学習を取り入れた人格教育の授業は、ある意味で、従来の特別活動や生徒指導と融合した総合的な取り組みであるといえる。

第三に、人格教育の授業を単発で行うだけでなく、学校教育全体で中・長期的に取り組んでいる点である。人格教育の授業で学んだ内容を日常の行為や習慣に結びつけ、その効果を確認している。また、子どもの代表が教師や専門家とともに生徒会や学級会で取り組んだ諸活動も功を奏している。

第四に、人格教育を学校だけでなく家庭・地域とも強く連携・協力して行っている点である[1]。教師や大人たちが積極的にかかわることで規律問題（特にいじめ）の改善に大きな影響を及ぼしている。

しかし、こうした人格教育にもさまざまな課題が指摘されてきた。

まず、新しい人格教育は支持母体（例えば人格教育パートナーシップやキャラクター・カウンツなど）によって教育内容や方法が多種多様であり玉石混交であるため、必ずしもすべての実践が望ましい成果をもたらすわけではない点である。例えば、現在でも、「古い人格教育」のように、教師が自らの価値観や理想を子どもに教義（ドグマ）のように教え込むような指導が行われている事例もあるため、個別に成果を検討する必要がある。

　次に、ラディカルな左派勢力は、新しい人格教育も子どもたち一人ひとりの家庭的・社会的・文化的文脈を無視して、一般化された道徳的価値（徳目）を押しつけ、多様な価値観を抑圧し、権力の手先になっていると批判している[2]。

　また、ノディングズ（N.Noddings）は、新しい人格教育も子どもたちを現行社会に適応させることに重点を置きすぎる点に疑問をもっている。彼女は、よりよい社会を築くためには人格教育で既存の核心価値を教え込むよりも、シティズンシップ教育で批判的思考を育成することの方が望ましいと主張している[3]。こうした批判をうけて、新しい人格教育でも（特に人格教育パートナーシップなど）は、上述した多様な価値観、批判的思考、ケアリング的発想をも柔軟に取り入れ、多方向に発展を遂げている。

　以上を踏まえて、今後も新しい人格教育はその成果をより広範囲かつ精密に検証する必要があるだろう。本稿では人格教育の成果を心理学的手法で実証する研究を主に取り上げたが、アンケート調査だけでは恣意的な要素がぬぐいきれない。そこで、今後はピーターソン（Christopher Peterson）とセリグマン（Martin Seligman）が共著『人格特性と徳』において提示した社会科学的な評価法「診断と分類のマニュアル」[4]を人格教育に導入する試みにも注目したい。

　また、アメリカの連邦教育省の研究部門が人格教育の成果について2010年に公表した研究報告書「小学校における社会的・人格的な発達を促進し、問題行動を減少させる学校規模のプログラムの効力」[5]も膨大かつ重要な資料である。この小学校部門だけでなく中学校や高校部門での人格教育の成果も含めて、その詳細な検討を今後の課題としたい。

(註)
1) Jacques S. Benninga, Marvin W. Berkowitz, Phyllis Kuehn, & Karen Smith, "Character and Academics 〜What Good Schools Do," *Phi Delta Kappan*, Vol. 87, No. 6, February, 2006, pp. 448-452.
2) Joseph L. DeVitis & Tianlong Yu, "The Moral Poverty of Character Education," in *Character and Moral Education A READER*, Edited by Joseph L. DeVitis and Tianlong Yu, PETER LANG, 2011, p.60.
3) N. Noddings, *Educating Moral People: A Caring Alternative to Character Education*, New York: Teachers College Press, 2002. Nel Noddings, *Philosophy of Education*, Westview Press, A Division of Harper Collins Publishers, 1995.（ネル・ノディングズ著、宮寺晃夫監訳『教育の哲学―ソクラテスから〈ケアリング〉まで―』世界思想社、2006年）
4) C. Peterson & M. P. Seligman, *Character Strengths and Virtues*, New York: Oxford University Press, 2004.
5) National Center for Educational Research, U.S. Department of Education "Efficacy of Schoolwide Programs to Promote Social and Character Development and Reduce Problem Behavior in Elementary School Children," Report From the Social and Character Development Research Program, 2010. http://ies.ed.gov/ncer/pubs/20112001/

第 *6* 章
人格教育の実践例

　本章では、実際にアメリカで新しい人格教育を実践して、優秀校として表彰された学校を紹介したい。筆者はこれまでリコーナ博士とともにアメリカで人格教育を推進している学校を数多く訪問調査してきた。そのなかでも印象的だったウォーター・ルー中等学校、ミラード・ホーク初等学校、モーガン・ロード小学校、ランシング中等学校の事例をここでは取り上げることにしたい。

　なお、本章の内容は、学校訪問時にインタビューした話、学校を紹介するパンフレットや関連書類から構成されている。

1節　ウォーター・ルー中等学校

1. 落ちこぼれ学校から優秀校へ

　ウォーター・ルー中等学校（Waterloo Middle School）は、ニューヨーク州の風光明媚なフィンガーレイク地方の中央にある。かつてこの学校は、「教育界の灯」などとはいえないほど荒廃した学校だった。問題行動や学力低下に関する多くの問題を抱えて、地域の落ちこぼれ学校として有名だった。そうした学校がいかにして人格教育の賞を受けるほどのモデル校へと変貌を遂げたのか。その秘訣は、献身的なチームワークで学校文化を改革したところにある。

　この学校の人格教育をリードしたのは、人当たりのよいマイク・フェラーラ校長であった。また、人格教育のチームリーダーである外国語教師カレン・モレッティがPRIDE（プライド）として知られる同校の活発な活動を推進した。

　フェラーラ校長の在職中、同校は非常に大きな変化を遂げたので、現在ではウォーター・ルー中等学校は格別に優れた学校と見られるようになり、ニュー

ヨーク州の優れた人格教育校に与えられる賞を受けた。フェラーラ校長は8年前の第一印象について、次のように思い出を語る。「私はすぐに、自分が今担当している学校が、非常に深刻な状況にあることを知りました。教師のモラルは非常に低く、子どもの学業成績は子どもや地域の優先事項ではありませんでした。学校経営についても深刻な問題を抱えていました」。

その頃、前述したモレッティは、ニューヨーク州コートランドにある第4第5R研究センターの人格教育に関する夏期講習に参加した。彼女は自分が学んだことから刺激を受け、新しい校長と資料を共有し、助言プログラムを試すことに意欲を示した。二人で助言プログラムの企画書を作成したあと、モレッティは25人のベテラン教師を個別に訪問し、その意見を取り入れ、提案を実施した。これらの話し合いの結果、PRIDEチームが結成され、「PRIDE子ども助言プログラム」が作成され、子どもの学業と人格の両方に影響を与え、学校再生への道を開く新たな構想が生まれた。

PRIDEチームの8年間にわたる人格形成実践プログラムの企画、実施、評価および修正を導いてきたその構想が、実に再生への道を切り開いたのである。モレッティは、かつて「地域の厄介者」と考えられていた同校が、今では「全国的な人格教育のモデル校」として評判が高いことを誇らしげに語る。フェラーラ校長は、州主催のテストと地域主催のアセスメントの両方において、年ごとに学力が増進したことを報告し、子どもの日々の出席率が97%であること、教師の欠勤率が低いこと、そして懲罰を申し渡される子どもの率が低下したことを、ウォーター・ルー中等学校における人格教育が成功している証拠として示している。

中央がモレッティ教諭

2．自慢のPRIDE

ダグ・バーグは、この学校で33年間教えている技術科の教師である。彼は学校文化の驚くべき変貌について次のように語っている。「子ども助言プログラ

ムは強い仲間意識を生み出し、思いやりの文化を築くことに役立ってきました。12人から15人の集団のなかで、学年の異なる子どもたちが、1人か2人のアドバイザーの指導のもと、毎日30分間の会合をもちます。30分間のプログラムとして始まったことが、今では本当に花開きました。人格形成は我が校の教室、ホール、カフェテリア、集会、クラブ、そしてお互いのかかわり合いのなかで、毎日、一日を通して繰り広げられています」。

　子どものニーズを解決するために設計されたPRIDEは、各曜日に特に重点的に取り組むことを説明した頭字語である。月曜日は「計画(Planning)」、火曜日は「読書(Reading)」、水曜日は「成績の向上(Improving grades)」、木曜日は「人格の形成(Developing character)」、金曜日は「娯楽(Enjoying the day)」である。しかし、同プログラムの効果はこれらの当面の目標をはるかに超えている。

　社会科教師のアリスン・パネクは、次のように語っている。「私は2、3年前に、当初の子どもたちのなかで最も劣っていた助言グループを担当しました。彼らはどうしてもお互いに仲よく話をしようとしませんでした。しかし、そのグループと2年ほど活動しているうちに共同体意識が築かれ、チームワーク意識が育っていきました。そうした経験が学校への帰属意識を育て、子どもたちの生活は大幅に改善されました。そして、こうした14人の子どもグループでできることは、学校全体でもできるということを確信しました」。

　助言グループは、学校や地域に好ましい変化をもたらす、グループ独自の方法を選ぶ。例えば、あるグループは、学校に新しく入ってきた子どもの移行過程を支援する「中学校歓迎プログラム」（2005年度の人格教育優秀賞）を開発した。また別のグループは、インタビューを実施して調査研究を行ったあと、教師と教育委員会に対してプレゼンテーションをし、それが地域全体でのリサイクル・プログラムへと発展した。

3．献身的な教師

　PRIDEの助言プログラムを確立することが、同校の人格教育への取り組みの第一歩であった。その成功を確実にした原動力には、教師の積極的な取り組

みの姿勢と献身があった。フェラーラ校長によると、「私は教師たちが人格教育の方策を教室での指導や教室運営の方法に組み込んでいることを、何よりも誇りに思っています。教師たちは言動一致によって、我が校のプログラムを支える礎となりました」。

ウォーター・ルー中等学校の教師たちは、同校の独自の学校文化において効果がある方策を設計するために専門家から学びながら探究を深めていくなかで、自ら熱心な子どもと化した。2001年以降毎年、ウォーター・ルー中等学校はコートランドで毎年開かれる夏期講習と人格教育パートナーシップ全国大会に代表を派遣している。

モレッティは次のように語る。「私たちはアメリカ中の人々から学び、彼らのアイデアを持ち帰りました。わが校の委員会がその種を受け取り、我が校独自の植物を育てていくのです」。「私たちはそれをウォーター・ルー流にどうやるのかという問いかけをして、さまざまな取り組みを採用し改良していきました」。

ウォーター・ルー中等学校の人格教育への取り組みでは、子どもが学ぶ方法を重視している。学習スタイル、個別教授法、貧しい生活をしている子どもの苦境に対する理解、協同学習、いじめ対策戦略、やる気のない学習者への動機づけに関する教員研修が、教師たちに指導改善のための貴重な手段を提供してきた。子どもたちは、「教師の言動が一致している」ことにすぐ気づく。8年生のカイリーは、「先生たちは私たちの助けになってくれます。みんな自分の気持ちを気楽に先生たちに伝えることができます」と意見を述べている。同じく8年生のケイシーはこうつけ加える。「先生たちは、高校への準備ができるように、そしてよい成績がとれるように、確実に動機づけをしてくれます。先生たちは、課題がうまくできるように、また完成できるように、必要であればやり直しをさせてくれたり、時間を延長してくれたりします」。中央玄関の目立つ場所に掲示されている大きなポスターでは、「私たちがウォーター・ルーで一番好きなこと」のなかで、教師が上位を獲得している。

4. 証拠はデータのなかに

ウォーター・ルー中等学校で人格教育が成功していると分かる証拠は、以下のとおりである。

第一に、2006-2007年度の全校年間出席率は97%であった。第二に、ニューヨーク州の数学学力テストの合格者数が、2002-2003年度の43%合格から2006-2007年度の64%合格に増加した。第三に、落ちこぼれゼロ運動のもとで報告が義務づけられている深刻な違反が、79件（2004-2005年度）から23件（2006-2007年度）に減り、71%減少した。第四に、その他の報告義務のある違反は、206件（2004-2005年度）から104件（2006-2007年度）に減り、50%減少した。第五に、選択計画室（109頁の写真10を参照）に送られる子どもの数が、過去２年間で73%減少した。第六に、適正な年間進度目標が、すべての分野で達成された。

5. 思いやりのあるパートナーとしての親

毎年夏に、PRIDE チームは、次の段階の枠組みを作るために、これまでの調査結果、テストと懲罰に関するデータ、人格教育パートナーシップからの助言の３つを思慮深く検討する。例えば、ウォーター・ルー中等学校がNSOC（全国人格教育校）の最終選考に残った2007年度には、人格教育パートナーシップは同校に、講演者を招待し、昼間は子どもに話をしてもらい、親に対してはイブニング・プログラムを実施して、親の参加に力を入れることを提案した。この助言を聞き入れて、ウォーター・ルー中等学校は昨年度、教師、子ども、親たちの意欲を引き出す講演者として、ハル・アーバンを迎えた。アーバンのメッセージ（「なぜベストをつくさないの？」）は、各教室に掲示されている「優秀な子どもになるための約束……道徳的人格とパフォーマンス的人格をともに働かせよう」という標語にも反映されている。

同校では、この「優秀な子どもになるための約束」において、親に一翼を担うよう求めている。親との連絡委員会の委員を務めるジャネル・ブラッドショ

ーは、「私たちは親として手を差しのべますが、学校は常に親としての私たちに働きかけてきます」と語っている。同校では毎月ニュースレターと行事予定表を送っているが、これに加えて、親との連絡委員会の各委員が、親のグループに今後の行事について知らせている。そこでは、学校やその人格教育に関する取り組みについて親たちが感じる懸念や疑問すべてに個人的に回答している。パティー・バットレイは、2人の娘を同校に通わせているが、教師たちの「すばらしいコミュニケーション方法」に非常に感銘を受けたと述べている。親たちは子どもたちと共有することを望む特別な性向や話題を、どんなものでも挙げるよう求められ、また、さまざまな集会に招待される。

　ウォーター・ルー中等学校が人格教育を採用する前は、親や地域の大人たちは、学校の集会に参加することにそれほど熱心ではなかった。12年間の教育委員会の委員を務めており、幼稚園児と1年生を担当していた元教師のヴィッキー・バウダー・リヴェットは、次のように語っている。「私は以前よく集会に来ましたが、子どもたちはバカげたことをして、とても粗暴でした。教師がきちんと見ていなかったわけではありません。ただ子どもたちが無関心だったのです。数年後、私は集会に来ました。そこで子どもたちが、いかにすばやく校長先生や講演者の話を聞き、反応したかに驚きました。今では講演者の方々は、私たちのところに戻ると、この学校の子どもたちがどんなに行儀よかったかを話してくれます」。

6．よいことを広める子どもたち

　数々の取り組みを導入してきた教頭のスーザン・バージェスは、同校が企画したプログラムは「子どもによいことを次々と浴びせかけます」とコメントしている。子どもたちは積極的な参加を通じてよいことを広めていく。そのようなプログラムの一つである「レイチェルの友達」は強い影響を与えてきた。昼間の子ども集会で、コロンバイン高校で最初に殺されたレイチェル・スコットの「親切で思いやりにあふれる行為」が発表され、夕方のフォローアップ・セッションには300人を超える親が集まった。カイリーは、「レイチェルの挑戦」

が、子どもたちがいじめの深刻な結果について熟考し、すべての子どもたちが社会の輪に参加するという決意を新たにする助けとなったと指摘する。「いじめ」「嫌がらせ」「脅し」のない環境を促進するため、子どもたちは「全国いじめ反対週間」と「悪口を言わない週間」を行っている。このイベントは「いじめ反対R.E.S.P.E.C.T.（リスペクト）チーム」が主催している。毎朝の発表で、子どもたちは「紫の手の誓い」として「私は手や口を使って自分や他人を傷つけることはしません」と唱和する。

写真「紫の手の誓い」

　この学校には奉仕のプロジェクトが満ちあふれている。子どもたちは特に、貧しい家庭に祝日の食事とプレゼントを入れた籠を支給するセネカ郡のコミュニティ・クリスマス・プロジェクトにおいて、他者の支援に対する強い責任感を示している。ウォーター・ルー中等学校の子どもたちは、2002年以来、この福祉活動を支援するために24,000ドル近くを集めた。同プロジェクトが完了したあと、ある子どもは次のように内省している。「そのプロジェクトは自分のためではなく、自分以外の人々のためなのだということを私は学びました」。この言葉は子どもたち全員の思いやりあふれる態度を具体的に表している。ロータリークラブとスニーカー募金で協力する場合であろうと、救援物資の小包を軍人たちに送る場合であろうと、子どもたちは共同体に対する責任をきわめて真剣に果たしているのである。

7．人格形成の構想

　フェラーラ校長は、今後の同校の人格形成の取り組みには、二つの焦点があると考えている。第一に、校内では、PRIDEチームはパフォーマンス的人格を引き続き重視することを計画しており、教師たちは、定期的に人格教育に基づく学習指導について研修を受ける。第二に、フェラーラ校長は、ウォーター・ルー学区のすべての教育課程で人格教育を導入することを構想している。

この目標に向かってPRIDEチームはいくつかの中等学校や高等学校をこの取り組みに参加させようと計画している。

　カウンセラーのマーク・ピティファーは、ウォーター・ルー中等学校の粘り強い精神を典型的に示す、ライアンという名の6年生の少年の感動的な話を語る。6年生の体育の必修に、体育館で1マイル走ることがある。ライアンはほとんど車いすに座ったきりであるが、杖なしで歩き、この目標を達成したいと考えた。少年は短い距離を進んでは転んだ。その後、杖を使って続けた。2周したのち、彼は再び転んでしまった。この時点で、彼は実際には短い距離を腹ばいで進み始めていた。ピティファーと他の子ども全員は、そのとき、ライアンが一歩あるくたびに励ましながら、一緒に歩き始めた。ライアンは根気強くやり抜き、レースを終えた。次の学校集会で、彼はトロフィーを受け取り、子ども全員が自然と立ち上がり、拍手喝さいした。8年生のリンジーは、「私はライアンがしたことはすごいことだと思いました。彼がトロフィーをもらいに上がってきたとき、私は泣いてしまいました。彼がどんなに頑張ってやり遂げたかということが、私には驚きでした」と述べている。

　多くの点でライアンの話は、負けを選択肢として認めず、挫折をさらなる努力への招待状と考えるウォーター・ルー中等学校の精神を正確に反映している。同校が昨年、切望していた全国人格教育優秀校（NSOC）の地位を獲得することができなかったとき、溜息も嘆きもなかった。過去2年間NSOCに応募したのち、PRIDEチームは全職員に聞き取り調査をすることを決め、「私たちは全国人格教育校として認められるために、再応募するべきか」と尋ねた。その結果、すぐさま全教職員がイエスと答えた。教師たちはさらにこう続けた。「応募の過程がこれまで学びの経験となってきたし、やりがいと実証にもなってきた。私たちは、自分たちがどこにいるのか、またどこまで来たのか分かっている。『私たちは人格教育校である！』というPRIDE（誇り）をもってそう言うことができる」。

(参考文献)
- 2008 National Schools of Character: WATERLOO MIDDLESCHOOL.
- R.K. ペイン『貧困理解のための枠組み』
- テキサス州ハイランズ　aha! Process、Inc. 2005年。
- 「紫の手の誓い」オレゴン州サレム、「手と言葉は傷つけるためのものではない」プロジェクト　ウェブサイト：www.handsproject.org

ウォーター・ルー中等学校にて人格教育チームの教師とともに

2節　ミラード・ホーク初等学校

1．「第二の家庭」としての学校

　ミラード・ホーク初等学校（Millard Hawk Primary School）は、セントラル・スクエア地域の大規模な再区画の結果として20世紀末に設立された学校である。そのため、この学校はこの地域では新しい一般的な学校だったが、人格教育に基づいて基本的な価値観を模範に掲げて指導することで、真に思いやりのある学校を築き上げ、今やこの地域のリーダーとなっている。

　セントラル・スクエアの教育長であるウォルター・ドハーティ（Walter Doherty）は、次のように語っている。「ミラード・ホークは、人格教育を実施する方法に優れていたので、この地域の7校すべての模範でした。その結果、同校のプログラムは、この地域の8校の5,400人を超える子どもたちに影響を与えてきました」。

ボニー・ミッシュ（Bonnie Misch）校長は、持ち前の洞察力と行動力を生かして、教師チームと協力しながら人格教育を地域全体に広げようと努めてきた。そのかいあって、人格教育はこの地域全体の活動となったのである。
　同校では毎年、人格教育パートナーシップの全国大会やトーマス・リコーナの主催する人格教育夏期講習に教師を参加させた。こうした会合で研修を積んだ教師たちは、自分たちが学んだことを他の教師たちに伝え合い、それによって人格教育の影響が広がっていった。
　ミラード・ホーク初等学校は、ニューヨーク州シラキュース（Syracuse）北部郊外の450人以上もの幼い子どもたちのための「第二の家庭」となろうとした。そこで、もともとは年上の子どもたち向けに設計された寒々とした校舎だったが、小さな子どもたちを養育する温かな雰囲気の学校へと一変させた。さらに、同校の人格教育プログラムは、子どもたちの発達に長期的な影響を与える学校行事やカリキュラムや地域奉仕活動に倫理的価値観を組み込んでいった。
　新たな中学校の建設とともに、ミラード・ホークは就園前から２年生までの子どもたちを迎え、古い中学校の校舎を使用することにした。同校は、３年生から５年生までを対象とするセントラル・スクエアの中等学校および高校と広いキャンパスを共有している。
　同校はこの独特な状況の利点を有効に活用した。２年生と３年生の教師たちが縦割りの会議で協力するだけでなく、これらの学年の子どもたちも、全児童一斉運動（All Children Exercising Simultaneously）プロジェクトに参加する。高校生は「大きいお姉さん」「大きいお兄さん」としてその役目を果たし、メインホールにある巨大な「責任」という題の壁画は、幼い子どもたちとともに活動する高校生らが寄贈したものである。
　ミラード・ホークの子どもたちには、さまざまな社会経済階級の出身者がおり、また子どもたちの経験のレベルも幅広い。例えば、41％が給食の無料または減額利用の登録をしている。当初から人格教育プログラムの開発にかかわってきたミッシュ校長によれば、同校では多様な子ども全員のニーズを満たすために不可欠な目標として、「多様性と学業成績の正しい評価」に重点的に取

り組んできた。

2．草の根プログラム

　ミラード・ホーク初等学校は、効果的な人格教育プログラムを策定し、毎年それを慎重に実施し、再検討してきた。同校の草の根プログラムは、10個の核心価値（尊敬、責任、思いやり、忍耐、根気、助けあい、正直、勇気、自制、公正）を促進し、毎月異なる特性を重点的に取り上げていく。それを基に教師、親、子どもが協力して実施していった。

　同校に2人の子どもを通わせているティム・マッカーシー（Tim McCarthy）は、次のように言う。「私たちが来校した最初の日から、肯定的な学習環境を感じることができました。ミッシュ校長と彼女のチームは、他と比べようもないほど優秀なレベルで熱心な取り組みをしてくれています」。

校門近くにある看板には、今月の核心価値「勇気（Courage）」を掲示

　同校では、人格教育に関係する人々の代表からなる人格教育委員会が組織され、倫理的な期待をすべての人に明示してきた。その期待は、同校の校訓、信条、校則、校歌、人格教育の契約書、子どもの持ち運び用フォルダー、親たちのPTA活動などに記されている。

　ミラード・ホーク初等学校を訪れるすべての人々を歓迎する巨大な熊のマスコットとともに、同校の玄関とホールは子どもの作品の数々で活気にあふれている。作品のなかには、その月の核心価値について子どもが考えた作文、さまざまな学年を代表する芸術作品、各クラスから提出された色鮮やかな展示物がある。補足教材を購入する余裕がない親のためには、ロビーの大きなボックスのなかにある、算数と読み書きの持ち帰り用教材一式が提供されている。

3．カリキュラム・ガイドと人格の指導

　ミラード・ホークの教師たちは、幼稚園児から2年生までを対象とした独自

のカリキュラム・ガイドを作成している。そこには国語、算数、理科、社会などの具体的な学習活動をリストにしたものが記されている。このガイドでは、10個の核心価値のそれぞれに関連する課題を提供している。教師たちは、各教科の指導内容において、人格教育が指導の自然な一部となるように工夫している。授業のなかの読書、議論、日記、協同活動、ロールプレイ、学問と芸術の統合を通じて、子どもたちは人格教育に関連した問題解決や批判的思考を実践する。

このカリキュラムを作成した教師の1人であるシェイラ・ターヴェリー (Sheila Turverey) はこう断言する。「人格教育は我が校を動かす原動力です。それは私たちのあり方そのものです」。

教師たちは「朝の会」でしばしばその月に重点化した核心価値について取り上げる。例えば、幼稚園のクラスで「根気 (perseverance)」を取り上げる場合、年老いたおばあさんがついに読み方を習得する物語について、教師がいきいきと読み聞かせた。そして、何か価値のあることをする際に直面する困難は何かについて子どもたちに考えさせた。

2年生のクラスでは、運動感覚を使った「根気」に対する指導が行われた。まず子どもたちは毛糸でひとつの網を編み、これを基に「何かを成し遂げるために必要なことは何か」「個人がどのように集団の取り組みを支えることができるか」について話し合った。どちらのクラスも、実際に「根気」を示すことになった個人的な経験についても話し合った。

同校を訪問する人々から質問を受けた子どもたちは皆、その月に学ぶ核心価値（例えば、「根気」）を知っており、その実例を示してみせた。「私は靴ひもを結べなくて、何度も繰り返しやってみました」「籠が作れなくても、あきらめませんでした」「私は最初、読むことができませんでしたが、できるまでがんばりました」「私は疲れていたので自分の部屋を掃除したくありませんでしたが、きちんとやりました」。この幼い子どもたちは、「根気」が成功の要因であることをはっきりと認識して実践している。

4．三振を恐れるな

　上述したように幼い子どもたち自身が「根気」という核心価値を実践しているのだが、ミラード・ホークの大人たちのなかにも「根気」に関する優秀なロールモデルがいる。

　同校は、2004年に全国人格教育校（National School of Character）の最終候補に選ばれたが、惜しくも全国人格教育校に選ばれる栄誉を逃した。そのとき、教師たちはひどく落胆したが、学校の掲示板に大きく書かれている次の言葉を思い出した。「決して三振を恐れてはいけない」というベーブ・ルース（Babe Ruth）の言葉だった。

　ミッシュ校長は、コンテストへの2度目の応募を試みる前に、教師、親、地域の人々に対して「我々は再び挑戦するべきだろうか」とアンケート調査を行った。その調査結果を見ると、教師、支援員、親たちが「挑戦を続けるべきだ」という決意のコメントが数多くあった。

　同校の再挑戦の取り組みには、チームワークが不可欠となった。ミラード・ホークはその後も前進を続け、人格教育パートナーシップの研究大会でさらに多くを学び、2005年には人格教育パートナーシップで2つの教育実践賞を獲得し、翌2006年にもさらに2つの教育実践賞を受けることができた。

　人格教育委員会は、実践を発展させるために3つの分野に取りかかった。第一に、学問と人格を統合することであり、第二に、子どもに奉仕活動とリーダーシップの活動をする機会を提供することであり、第三に、人格教育の評価方法を充実させることであった。

　こうした実践に向けてカリキュラム・ガイドを作成し直すことは、それほど難しい作業ではなかった。しかし、実際に幼稚園の子どもから2年生までの児童に奉仕活動とリーダーシップを発揮する機会を提供することは、難しいことだった。同校は、すべての子どもたちに各プロジェクトに積極的に参加させ、その経験を自分のものにさせることにした。

　こうしたプロジェクトの一環として、同校はハリケーンのカトリーナで被害

を受けた学校を支援することにした。子どもたちは被害の状況を理解し、必要とされる物資を調べ、それらをリュックサックいっぱいに詰め込み、その受け取り手となる人たちに宛てて手紙を書いた。

　ヘイファー国際プロジェクトでは、自分たちの支援で恩恵を得る国について学び、多文化を称える祝典を開催した。さまざまな調べ学習や奉仕活動をすることが、子どもたちにとって貴重な体験学習となった。今では子どもたちのアイデアが奉仕活動に不可欠なものとなっている。

　子どもたちのリーダーシップを育むために、同校では人格教育のアンバサダー（使節）制度を作った。アンバサダーに任命された子どもは、その月の核心価値を各クラスに伝え、場合によっては親たちにも伝える。

　アンバサダーを経験した子どもたちは、この役割を通して核心価値を真に理解したと語っている。例えば、核心価値「公正」のアンバサダーとなったライアン（Ryan）はこう語っている。「ぼくは、スポーツの例を挙げました。例えば、他の人にバッターの順番を交代してあげるとか、負けても怒らないとか」。核心価値「尊重」のアンバサダーだったカイル（Kyle）は次のように述べている。「私はみんなに物を大事にすることがいかに重要かを話しました。わざと物を壊さないとか、怒っているからといって物をたたかないとか、例を挙げて説明しました」。ある母親は、彼女の3歳の子どもは「根気」の意味を知っているが、それはミラード・ホークに通う兄がその子を相手に「根気」について教える練習をしたからだと報告している。

アンバサダーの女児から「親切」に関する表彰状を受ける男児

5．評価技術の向上

　ミラード・ホークはまた、同校の人格教育の取り組みの成功を評価するためにより優れた方法を開発した。

　2005年2月に幼稚園児から2年生までの子どもの親に対して実施された学校

の雰囲気に関する調査の結果では、98％の親が学校に満足していることを示している。2年生を対象としたニューヨーク州の標準テストにおける過去3年間の子どもの成績の比較では、一貫して高い成績を示しており、子どものおよそ80％が算数と言語能力において上位2段階の成績を収めた。さらに、懲罰を伴う事件の数は減少し、出席率が向上した。

6．「みんなの教育にはみんなの参加が必要」

中央玄関ロビーのポスターは、「みんなの教育にはみんなの参加が必要」と謳っている。ミラード・ホークはまさにこの理想の模範となっている。なぜなら、人格教育委員会と学校の意思決定委員会に多くの人々が参加し、さまざまな意見を出しているからである。もちろん、ミッシュ校長がこの運動を背後から応援してくれているのだが、全員の協力があってこそ、新しい学校でも大きな成功を成し遂げることができたのである。

親たちは、子どもたちに認められる好ましい変化をよく指摘している。PTAの積極的なリーダーであるバーバラ・デイヴィス（Barbra Davis）とジル・フィリップス（Jill Phillips）は、同校の人格教育プログラムが「家庭でのしつけをずっとやりやすくしています」と強調する。

スー・メロウ（Sue Merrow）は、別の地域から引っ越してきた親だが、誰に対しても「共通の言葉（a common language）」を使うことは、親たちが理解したりコミュニケーションをとったりするのに役立っていると説明する。「ここで子どもたちが学ぶことは、私がガールスカウトで教えていることと同じです」。

親たちはまた、PTA主催でリコーナの『子育て入門（Raising Good Children）』などの本に関する話し合いを行い、子どもたちを指導するための方法を学んでいる。

このように親たちは人格教育を進めるうえできわめて重要な役割を果たしている。彼らは人格教育委員会の一員として活動の計画を手伝ったり、読書のパートナーとしてボランティア活動に参加したりしている。例えば、ミラード・ホークの子どもたちがセントラル・スクエア中学校の5年生と一緒に、寝たき

りの人や貧しい人のために贈り物を制作するキャラクター・クラブ（Character Club）を設立する際、親たちはボランティアで支援した。親のリンダ・スミス（Linda Smith）とアンジェリーク・クラウス（Angelique Kraus）は、この新しいクラブ活動について、120人以上の少年少女たちが、クリスマスに飾りと贈り物を制作したことを熱く語っている。このクラブのメンバーたちは、子どもたちが「人格」に関して書いた作文や描いた絵をまとめて本も制作している。

7．小さな学校が地域を動かす

ミッシュ校長は将来の計画について次のように語っている。「私たちは本校の人格教育プログラムを広められるように、この地域の姉妹校と連携を取りたいと考えています」。今後の予定は、新しい教師たちに対してミラード・ホークの特色を紹介すること、地域の親の会に積極的に参加すること、人格教育の専門能力の開発研修を実施することであるという。

2年生担当教師のシンディ・ペティット（Cindy Pettit）は、こうつけ加える。「我が校とこの地域が現在直面している最大の課題は、かつての農村社会から都市郊外社会へと変化することに伴う、地域社会のニーズに応えることです」。

「I think I can, I think I can, I think I can（できると思う、できると思う、きっとできると思う）」というのが同校のモットーである。ミラード・ホークは同校のモットーに励まされ、この地域の他の7校を率いて、セントラル・スクエアのすべての子どもたちに人格教育をほどこす態勢を整えている。

同校にてミッシュ校長と
壁には「配慮と親切」とある。

〈参考文献〉
- 2006 National Schools of Character: Millard Hawk Primary School.
- website: www.cortland.edu/character

3節　モーガン・ロード小学校

1．学力と人格の向上

　モーガン・ロード小学校（Morgan Road Elementary School）は、ニューヨーク州リバプールにあり、幼稚園児から6年生までを対象としている。ブルーカラーの家庭とホワイトカラーの家庭の両方から子どもを受け入れている。

　同校の人格教育の取り組みは、「気づき」のレベルからゆるやかに始まった。「私たちは、リコーナ博士の人格教育に関するワークショップに参加できてとても幸運でした。我が校からは9人が参加し、リコーナ博士の発表を聞いてからは、『これは私たちがやらなければならないことだ。これについて研究しなければならないし、勉強しなければならない』と考えました」。

　こうした関心に後押しされ、数人の教師が夏期講習で学んだ経験を生かして、人格教育による学校改革に取り組んだ。教師と管理職からなる中心的なグループが「教育とは、学力の面で成長することと善良な人間に成長することの両方である」という共通のビジョンを掲げ、新たな学校づくりを始めた。

　リチャード・パリシ（Richard Parisi）校長は次のように語っている。

　「私は、隣人のSATの点数を皆さんに教えることはできませんが、彼らが善良な人たちであるかどうか、私の子どもたちを信頼して預けられる人たちであるかどうかは教えることができます。本校の二大目標は、学力の面で成長することと善良な人間になることです」。

　モーガン・ロード小学校は、まずキャラクター・カウンツ連合に参加し、「尊敬、責任、公正、思いやり、市民性、信頼」という6つの核心価値を同校の人格教育プログラムの柱として採択した。また、教師は黄金律（ゴールデン・ルール）（マタイの福音書7章12節の「自分が人からしてほしいと望むことを他人にもしてあげなさい」）を同校の人格教育の土台とした。同校の校訓として「モーガン・ロード小学校は、学びのために力を尽くし、思いやりあふれる助け合いの社会である」を掲げた。

2．人格・読書推進委員会

　モーガン・ロード小学校は、学校現場において意思決定を行う人格教育チームが、情熱の火を燃やし続けるための鍵になると考えた。そこで、同校のチームは「人格・読書推進委員会（Character and Reading Enrichment Committee）」を設立した。

　パリシ校長はこの委員会の設立について次のように説明する。「私はある朝、車で仕事に向かっていました。そのとき、人格を指導する最も優れた方法の1つは、国語科を通じての指導、特に文学を利用しての指導であると思いついたのです。それなら、人格教育チームで国語科プログラムの充実にも力を入れて取り組ませてはどうかと考えました。人格教育という車輪全体を見るとき、それは協同学習、倫理的省察、学業での成功などの重要な要素をはらんでいます。私たちは、人格教育は単独のものだという間違った考えを人々にもってもらいたくないのです」。

　人格教育委員会には約10人の委員がおり、毎月会合を開き、夏休みには次年度の計画を立てるために半日の会議を3日間ほど開く。同委員会は、学校全体の活動を計画し、教師が人格教育を織り込むのに役立つ具体的な物語を紹介する「読書ガイド」を開発した。また、教師がテキストの意味を掘り下げるために役立つ質問、どの文学作品にも利用できる一般的な質問を開発した。

　同委員会は、「どうしたら人格日記を作文練習の一部とすることができるか」について検討した。同校では内省を書きつづることが、効果的な人格教育の重要な要素であると考えたからである。パリシ校長は、子どもたちが自らの人格的な成長について書くよう積極的に求め、次のように述べている。「内省が重要です。これは子どもたちに自分の人生に影響を与えてくれた人たちについて書かせることを伴います」。

　同校は、人格教育を国語科にさまざまな方法で取り入れている。例えば、ある中学教師は、人格形成の柱（6つの核心価値を意味する柱）を強調する絵本を使って、子どもに文学の授業をした。子どもたちは協同グループで活動し、

自分たちの課題図書が人格形成の柱とどのように関連しているかを示すプレゼンテーションをパソコンで行った。

別のクラスでは、寓話の構造を学んだあと、子どもたちは自分たち自身の寓話を創作し、それを発表し合い、物語のなかで強調したい核心価値について話し合った。

幼稚園では、おとぎ話と「信頼」とを結びつけた授業が行われた。使用された物語には、『ライオンとねずみ』『お姫様とえんどう豆』『カエルの王様』『キツネとカラス』『小さな赤いめんどり』などがあった。

学校の図書室自体も、人格教育と文学とを統合するための重要な場であった。図書館の職員は、それぞれの核心価値に関する図書の展示コーナーを毎月作るとともに、その核心価値に関連のある図書のリストを教師たちに毎月送付している。

3．バディー・クラスとの交流

人格教育に基づく学校共同体を構築するためのもう1つの方法は、教室パートナー（classroom partnering）やバディー・クラス（Buddy Classes）である。どの学級にもパートナーがおり、上級のクラスと下級のクラスが仲間（バディー）として交流する。

また、リーダーとなる機会をもつことが子どもたちにとって重要であるため、毎月、バディー・クラス同士で集まり、その月に重点的に取り組んだ核心価値について振り返った。1年間で、作文活動、芸術活動、その他の創造的活動を通じて6つの核心価値すべてが取り上げられる。

また、年長の子どもと年少の子どもをペアにすることによって、年長の子どもが校舎内で他のボランティア活動をするようになった。例えば、約15人の6年生が幼稚園の助手として活動している。教師は子どもたちがこのようなボランティア活動をしているとき、彼らを積極的に評価している。「子どもたちは共同体に恩返しをしており、私たちはそれをほめてやりたいのです」とパリシ校長は語っている。

奉仕の精神は、バディー・クラスなどのプログラムのかたちをとって根づいている。同校が広い中庭の建設計画をした際には、造園技師をしている親がボランティアで5、6年生を対象に授業をしてくれ、中庭をどのように美化するかを決めるのに役立つ知識を提供してくれた。このときに集まったグループが、「ガーデナティアーズ（Gardenateers）」という名前を自分たちでつけて、放課後のクラブとして活動を続けた。子どもたちは週に1回、植物の世話や造園作業をするために放課後に会合をもつ。この場所には、今では鳥獣の保護区や野花のエリアがあり、身体障害のある子どもたちのために高い所に設置されているプランター一式もある。
　この様子をパリシ校長は次のように語っている。「40人から60人の子どもたちが進んでいろんな奉仕活動に参加しています。親たちは『家ではベッドメーキングをさせることもできないのに、ここでは草むしりもさせているなんて、信じられない』と言っています」。
　もう1つの人気のある放課後のクラブに「キッズ・ケア」がある。このクラブは、思慮と慈悲深い心をもって他者に奉仕することに重点を置いて取り組んでいる。4、5、6年の子どもたちが集まり、入院患者、軍人、元気のない人、励ましを必要としている人などのために、カードをデザインし制作する。子どもたちは、短い感謝の手紙を書いて教師のメール・ボックスにそっと入れたり、スクールバスの運転手に感謝の気持ちを表す独創的な方法を考えたりする。

4．教師と親との協力

　モーガン・ロード小学校では、毎年、人格教育を各教科の授業に取り入れることに加え、学校規模で人格教育を行うプロジェクトを選んでいる。2000年には「親切な行為プログラム」を企画し、子ども、教師、親たちに、他人の親切な行為について考える機会をもつようにした。真の親切を実際に示す行為に気づいたら、事務室に行ってカラフルな紙で作られたキー（鍵）を求め、そこに自分たちが目撃したことを記すのである。これらのキーはドアを飾り、学校公開の質を高め、大人たちに子どもを配慮する機会を提供した。「親御さんたち

は息を切らせてやってきて、『キーがいるのですが』とおっしゃいます」とパリシ校長は言う。それは子どもが私道の雪かきをしたのかもしれないし、親たちにお見舞いのカードを書いたのかもしれないし、困っている別の子どもにすぐに対応したのかもしれない。

　実際、子どもたちはいつも親に情報を伝え、親の参加を得ることにつながった。ある年、同校は地域の大人たちに「ブロック」を贈り、子どもが「正しいことをしている」のを見たら、そのブロックに書くよう依頼した。これらのブロックは、半分に切った紙で、壁を造るのに使うことができる。学校公開時のサプライズとして、子どもたちは「親について」と「自分たちについて」よい人格を示すために行うことをブロックに記した。

　その結果には2つの意味があったとパリシ校長は説明する。一つは、子どもたちが実生活で行動として示される人格特性を考える機会になることである。また、親たちは人格教育に関する情報と称賛の両方を手に入れることができたことである。パリシ校長は次のように語る。「親業は難しい仕事です。親にとって、自分たちがうまくやっていることを人に認めてもらうことは重要なことです」。

　教師のなかには、子ども主導の会議を従来の保護者会の代わりに利用する者もいる。子どもたちは自分たちの活動のポートフォリオをまとめ、親たちに伝える。教師は、親と子どもからなる3つから5つのチームを1回の予定に組み込み、チームを構成する親と子どもを順に入れ替えて、親たちが自分の子どもたちの口から、教室の内部事情を聞けるようにしている。

　実際には、親はモーガン・ロードの人格教育に最初から関与している。「私たちは常に親の代表を会議に迎えていました」とパリシ校長は語る。「親たちには、人格教育を進めるうえでオーナーシップをもっていただく必要があります。これらの会議に親が出席してくれたら、重要なメッセージを送ることができるのです」。毎月のカレンダーとニュースレターでは、今後の予定を示すと同時に、学校で重点的に取り組まれる人格教育の特性について親たちに伝えることができる。

さらに、パリシ校長は「教師と家族以外にも人格教育の取り組みに参加してもらうべきである」と考えた。そこで学校の年度初めに、バスの運転手全員との朝食会をもつようにした。その席で「誰か新しいことを試してみないか」「バスのルートに人格教育を広げてみたいか」と尋ねた。

　自ら引き受けることを申し出た１人の運転手は、難しいバスルートを担当していた。学校に到着したあと、朝食をとらない子どもたちは数分間バスで待たなければならない。その運転手は子どもたちをバスの前の方に来させ、自分たち自身のことについて何か話をさせることに決めた。彼によれば、「子どもたちがお互いに知り合っていくなかで、前よりもお互いを尊敬し合うようになり、また共感し合うようになりました」。

　この運転手は、子どもたちが毎日朝と午後にバスに乗り込むときの暗い雰囲気に注目した。そこで、バスに乗り込む際に、すべての子どもを名前で明るく呼んで挨拶するようにしてみた。すると、子どもたちも彼に元気に挨拶を返すようになり、快適にバス通学できるようになったのである。人格教育はこうしたバスのなかでも自然に行われるのである。

5．成功を示す指標

　モーガン・ロード小学校では、避けることができない校則違反が実際に発生すると、学校を導く原則と同じ校則に従って、懲罰のプロセスが進められる。

　パリシ校長は次のように語る。「子どもが私の所に送られてくると、私がいつも最初に尋ねる質問の１つはこうです。『トミー（仮名）、この状況で君が従うことができなかった核心価値はどれか、私に教えることができるかい』。私たちがこの学校で大切にしていることはとても明確です。私たちは子どもたちに、『よいことをする』たくさんの機会を与えようとしているのです。子どもたちがよいことをしないとき、私たちは彼らがそれを正しく行うためにできることを理解する手助けをしなければなりません」。

　人格教育を取り入れることで、パリシ校長がこうした校則違反で面談する子どもたちの数は減少していった。実際、教室やカフェテリア、そしてバスから

懲罰を申し渡されて送られてくる子どもたちは、すべて最も低いレベルの懲罰対象者だけになった。

このように不正行為が減少している一方で、子どものテストの成績は向上している。科学の成績は郡のなかでもトップである。標準作文テストでは、子どもの100％が州の水準点より上の成績になった。数学と国語（読解）では、子どもの98％以上が州の標準よりも上の成績になった。州の数学のテストでは、「州の標準をはるかに超えている学校」に認定された。同校はこの成功の大部分は、中断されることのない授業時間を以前より多くとることができるようになったためであり、何より人格教育に基づく教室環境のおかげだとしている。

このほかに成功を示す指標となるのは、親に対するアンケート調査である。これによれば、98％の親がモーガン・ロードの人格教育プログラムの目的を理解していると答えている。また、92％の親が同校の人格教育は子どもの教育に肯定的な影響を与えていると答えている。

以上のような人格教育の成果が認められて、モーガン・ロード小学校は2006年度人格教育パートナーシップの全国大会で人格教育校（National School of Character）に認定された。

リチャード・パリシ校長とともに

(参考文献)
- 2006 National Schools of Character: MORGAN ROAD ELEMENTARY SCHOOL.
- Richard Parisi, "Morgan Road Elementary School: A National School of Character," in *The Fourth and Fifth Rs, Respect and Responsibility*, Volume 7, Issue 2, Winter 2001.

4節　ランシング中等学校

1．「悪い言葉づかい」への対応

ミシガン州にあるランシング中等学校（Lansing Middle School）は、自校で使われている「悪い言葉づかい」を懸念していた。教師と親と子どもの代表が参

加する「共同意思決定チーム（Shared Decision-Making Team）」で何度も議題に挙げられたが、有効な対策が取られずにいた。

　校長はこうした学校全体で取り組む難題はフィリス・スミス−ハンセン（Phyllis Smith-Hansen）が適任であると考えた。ハンセンは生徒会活動の顧問であり、その前年に生徒会の代表らを学校の問題に本当の意味で関与させることにより、子どもたちの能力の向上に努めてきたからである。

　ハンセンは人格教育を通してランシング中等学校の改革に取り組むことにした。彼女はトーマス・リコーナ博士やマット・デヴィッドソン博士が主催するワークショップで人格教育の重要性を深く認識していたからである。そこでハンセンは、まず生徒会の代表たちと人格教育を学び、学校の言語規範を改善する方法を考案することにした。

　最初の生徒会集会では、次のような質問が飛び交った。「悪い言葉づかいとは、どのような言葉をいうのか」「もし他の子どもたちが罵りの言葉を気にしないとしたらどうなのか」「友達と話しにくくなるのではないか」。この生徒会はいろいろ思案したうえで、「悪い言葉づかいとは何か」を調査し、「どうしたら改善できるか」を学校全体で取り扱うことに決めた。

　その際、生徒会のようなリーダーシップ・グループに達成できることと達成できないことを明確にした。例えば、生徒会は全校生徒の意識を向上させることはできるが、生徒の不正行為を罰することはできない。それを前提として、毎月・毎年の妥当な目標を設定することにした。

2．アンケートの作成と実施

　生徒会は、悪い言葉づかいに対する子どもと教師の現在の態度を判断するために、生徒と教師に対してアンケート調査をすることにした。アンケート作成のために、生徒会は「悪い言葉づかい」を定義しなければならなかった。委員会は辞書や文献を読み込んで、他人を侮辱する言葉は、「不適切」と分類し、性的な言葉や排泄にかかわる言葉は、「わいせつ・下品」と分類し、宗教的な侮辱やいたずらに神の名を使う言葉は、「不敬」と分類した。

151

すべての生徒代表は、これらの分類に関してアドバイザー立ち会いのもとで会合を重ねた。アンケートでは、それぞれのタイプの悪い言葉づかいが①「大きな間違い」で厳重に注意すべきか、②「ある程度まで間違い」で気をつけるべきか、③「たいしたことではない」かの三択で生徒たちに尋ねた。

　生徒たちは不適切な言葉を自由に使うことが多かったが、アンケートの結果から、生徒たちがそのような言葉づかいは間違っていると自覚していることは分かった。ただ、生徒の年齢が上がれば上がるほど、「間違っている」という認識は少なくなっていった。

　生徒会の代表はその後、校長や教師にアンケート結果を提出した。そして代表らは全教師と全校生に、言葉づかいとそれが他人に与える影響を意識するよう求めた。生徒会の代表は、教師たちに対して相手を尊重する言葉づかいを模範として示すとともに、生徒たちが不適切な言葉づかいをした場合は、いつもその場で適切に指導するよう求めた。また、奉仕クラブには全校生が適切な言葉づかいをするよう呼びかけるポスターを作成し、全校に掲示するよう依頼した。

　その年の後期に「悪い言葉づかい」に対する態度が変化したかどうかを見るために、当初のアンケートを再び実施した。ただし、この追跡調査は、オリジナルのアンケートを単に繰り返したわけではなかった。生徒たちは「自分たちの取り組みが校内における悪い言葉づかいの発生にどう影響を与えたか」「生徒たちがそのような言葉の使用に対して以前よりも頻繁に謝罪しているか」「教師たちが悪い言葉づかいの使用をやめさせるために行動を開始したか」についても調査した。

　第2回目のアンケート結果を生徒会で検討したところ、悪い言葉を使用する生徒数に関して第1回目のアンケート結果よりも第2回目のアンケート結果の方が増えていた。しかし、これはよい兆候であるとハンセンや生徒会は考えた。なぜなら、「悪い言葉づかい」に注意を向けさせる取り組みが、全校生にその問題をより強く意識させることになったからであり、「悪い言葉づかい」の制限に向けた第一段階を踏み出したことになるからである。

3．活動の成果

さらに、生徒のリーダーたちは成果を上げていることを報告している。7年生のアマンダ・フェッセンデン（Amanda Fessenden）はこう語る。「生徒たちは授業中だけでなく、休み時間や放課後などでも悪い言葉を使うことが少なくなりました。生徒会のメンバーが呼びかけていることが影響していると思います。汚い言葉や罵る言葉がなくなって安心しています」。

ハンセンは人格教育に関する研究大会で、攻撃的な悪い言葉づかいの使用を減らそうとする生徒会活動の試みが功を奏した事例として、アンケート調査に基づいて発表した。彼女は生徒会がアンケートでどのような質問をするか、どのように尋ねるかを決定するプロセス自体が豊かな体験になったと報告している。

また、10歳から14歳の生徒たちが悪い言葉づかいについて真摯に検討し、学級や学校をよくしようとキャンペーンを自発的に始めることで、生徒全体の規範意識が高まり、悪い言葉づかいが減少し、丁寧で優しい言葉づかいが増えていったと述べている。

中央がフィリス・スミス - ハンセン教諭

この活動を通して、教師たち自身も、生徒たちと一緒に自校の言葉づかい調査を作成し、実施し、言葉づかいをよくするキャンペーンに積極的に参加することになった。そこで教師も言葉に気をつけるようになり、学校文化全体が全般的に改善されていったと報告している。

（参考文献）
- Phyllis Smith-Hansen, "Action Research By Accident: Language at Lansing Middle School,"in *The Fourth and Fifth Rs, Respect and Responsibility*, Volume 4, Issue 2, Fall 1998.
- Roger Rosenblatt, "The Teaching Johnny to be Good," *The New York Times*, April 30, 1995.

おわりに

　本書は、我が国で道徳教育をより実効性のあるものに改善・改革するためにどうすればよいかを考察したものである。本書の内容の一部は、すでに発表した論考を基にしているが、すべての原稿で大幅な加筆と修正を行っている。以下に関連する文献の初出を示しておきたい。

　第一章…「特別の教科　道徳への期待と課題」『道徳と教育』333号、2015年。
　第二章…「いじめ問題に対応する道徳教育の開発・実践」岐阜大学教育学部研究報告（教育実践）17巻1号、2015年。
　第三章…「リコーナの人格教育論」、『「生きる力」を育む道徳教育』所収、第四章三節、慶應義塾大学出版会、2012年。
　第四章…「日米の道徳教育に関する比較考察―新しい人格教育との比較を中心に―」『道徳と教育』331号、2013年。
　第五章…「新しい人格教育の成果と課題～学力向上と規律指導（いじめ防止）に関連づけて～」『道徳と教育』332号、2014年。

　筆者は前著『「生きる力」を育む道徳教育―デューイ教育思想の継承と発展―』（2012年）において、我が国の道徳教育を改革するために、デューイの道徳教育論をはじめ、日米の道徳教育を検討しながら、今後の道徳教育のあるべき姿を理論レベルでは提示していた。その後、我が国で道徳の教科化が現実味を帯びるなかで、より具体的な制度設計や指導方法を提示する必要が生じてきた。
　そこで、志を同じくする研究者とともに共著『道徳の時代がきた！』や『道徳の時代をつくる！』（ともに教育出版）を刊行し、我々の考える基本方針や提言を打ち出した。

その後、幸いにも2014年に中央教育審議会の道徳教育専門部会とそれに続く道徳教育の協力者会議の委員を拝命し、道徳の教科化や学習指導要領の改訂に関する具体的な議論に加わることができた。上述した「道徳の時代」シリーズでは、具体的な政策提言のような意味合いが強かったが、本書では中教審や協力者会議を終えて、その議論を静かに振り返るとともに、現在の筆者の見解や展望を率直に提示することにした。

　正直なところ、中教審の答申や学習指導要領の改訂では、賛同すべき画期的な改革や改善も多くあったものの、すべてが筆者の見解と一致したわけではなかったため、中途半端に終わったところもあった。そこで、本書では一研究者に戻って、再び道徳教育のあるべき姿をしっかりと見つめ直したいと思った。参考までに、本書の巻末には「学習指導要領新旧対照表」を掲載しているので、併せてご参照いただきたい。

　先の中央教育審議会の会合などでは、筆者はアメリカの人格教育研究者の立場から発言したことも幾度かあった。新しい人格教育は、1990年代から我が国でも紹介され始め、翻訳書も多数刊行されているが、なかなか研究レベルで検討されていることが少ない状況にある。新しい人格教育を我が国の道徳教育に取り入れようという提案もときどき見受けられるが、具体的にどこをどのように活用・応用すればよいかは不明瞭なところがあった。

　そこで、本書では単に「新しい人格教育」を紹介するだけでなく、その歴史的背景や思想的基盤を明確にするとともに、どうすれば我が国の道徳教育や道徳授業の改善に役立つかを具体的に提示することにした。また、本書の最後には人格教育の実践例を示すことにより、できるだけ人格教育のイメージを実践的にも伝えられるように配慮した。

　筆者がアメリカの新しい人格教育に興味をもち始めたのは、1990年代の末頃であった。当時、ジョン・デューイのプラグマティズムと教育理論を研究していたため、その延長線上で新しい道徳教育のあり方を模索していたのである。その頃、1980年代から我が国でも流行していたモラル・ジレンマ授業、価値明

確化論、あるいは構成的グループエンカウンターに興味をもった。こうした実にユニークで多様な授業スタイルがあることに驚いたが、一方でこうした進歩的な道徳授業で、我が国の学習指導要領で提示する道徳の内容項目を計画的かつ系統的に指導できるのかという疑問も生じた。学校現場でも、進歩主義教育の流れを汲む道徳授業は、「道徳的価値の自覚」が深まらない点や単に活動(エクササイズ)するだけで終わってしまう点が問題視されていた。そこで、もっとバランスのとれた道徳授業はないものかといろいろ探していたところ、「新しい人格教育」に出会ったのである。

人格教育というと、我が国では20世紀初頭に流行した「古い人格教育」と混同されて批判の対象とされることが少なくない。しかし、実際のところは、古くからある徳目主義的な人格教育とモラル・ジレンマや価値明確化論のような進歩的な道徳教育を統合し、学校教育全体で包括的にアプローチするところに新しい人格教育の特徴がある。

そこで、筆者は2008年にアメリカのニューヨーク州立大学コートランド校のトーマス・リコーナ博士を訪問させていただき、2週間かけて人格教育の実践校を現地調査した。その後、2010年にも岐阜大学から1年間の在外研究を認めていただき、リコーナ博士とともにアメリカ中の小学校、中学校、高校を現地調査する僥倖を得た。そのときにまとめた研究成果が本書にも多分に生かされている。本書はリコーナ博士の懇切な助言・指導と研究協力に負うところが多いため、心より深謝を申し上げたい。

リコーナ博士と筆者

本書を執筆する上では数多くの諸先生方にご支援とご指導をいただいた。本書の内容は、日本道徳教育学会で個人研究発表を行い、質疑応答で検討していただいた内容も含まれている。ここですべての先生方のご芳名を挙げることはとてもできないが、特筆して押谷由夫先生、貝塚茂樹先生、岩佐信道先生、行

安茂先生の懇切なご指導ご助言に御礼を申し上げたい。

　最後になったが、本書の刊行をご快諾いただいた教育出版の関係者各位に御礼を申し上げたい。特に、共著に続き本書編集の労をとっていただいた青木佳之氏にはいつもながら大変お世話になった。我が国において道徳の教科化が実現しようとするこの大事な時期に、青木氏からの助言や励ましによってようやく刊行の運びとなったことに心より感謝を申し上げたい。

　本書が我が国の道徳教育の灯としていくらかでも温かく輝くところがあれば幸甚である。

2015年5月

柳沼　良太

〈参考文献〉

押谷由夫・柳沼良太 編著『道徳の時代がきた！ ―道徳教科化への提言―』教育出版、2013年。

押谷由夫・柳沼良太 編著『道徳の時代をつくる！ ―道徳教科化への始動―』教育出版、2014年。

柳沼良太『「生きる力」を育む道徳教育―デューイ教育思想の継承と発展―』慶應義塾大学出版会、2012年。

柳沼良太「道徳性を育成する道徳授業の創造」『道徳教育』679号、明治図書、2014年1月号。

柳沼良太「道徳の教科化における具体的な対応」『教職研修』、小学館、2014年2月号。

Lickona, Thomas (ed), *Moral Development and Behavior: Theory, Research and Social Issues*, New York; Holt Rinehart, & Winston, 1976.

Lickona, Thomas, *Raising Good Children; From Birth through the Teenage Years*, Bantam, 1985.（三浦正訳『リコーナ博士の子育て入門―道徳的自立をめざして―』慶應義塾大学出版会、1988年）

T．リコーナ著、水野修次郎監訳・編集『人格の教育』北樹出版、2001年。

Thomas Lickona, *Educating for Character: How Our Schools Can Teach Respect and Responsibility*, Bantam, 1991, p.67.（三浦正訳『リコーナ博士のこころの教育論―〈尊重〉と〈責任〉を育む学校環境の創造』慶應義塾大学出版会、1997年、73頁）

T．ディヴァイン、J.H．ソク、A．ウィルソン編、上寺久雄監訳『「人格教育」のすすめ』コスモトゥーワン、2003年。

ウィリアム・キルパトリック「米国道徳教育の失敗と人格教育の新しい試み」、上寺久雄監修、山口彦之編集、『「新しい道徳教育」への提言』世界日報社、2000年。

吉田誠「トーマス・リコーナの人格教育と我が国の道徳教育との比較」『道徳と教育』326号、2008年。

青木多寿子編『もう一つの教育―よい行為の習慣をつくる品格教育の提案―』ナカニシヤ出版、2011年。

西村正登『現代道徳教育の構想』風間書房、2008年。

加藤十八『アメリカの事例に学ぶ学力低下からの脱却―キャラクターエデュケーションが学力を再生した―』学事出版、2004年。

加藤十八編著『ゼロ・トレランス―規範意識をどう育てるか』学事出版、2006年。

William. K. Kilpatrick, *Why Johnny Can't Tell Right from Wrong*, New York: Simon & Schuster, 1992.

D.E.Eberly (Ed.), *The Content of America's Character*, New York: Madison, 1995.

John Templeton Foundation (Ed.), *Colleges That Encourage Character Development*, Templeton Foundation Press, 1999.

Kevin Ryan, K.E.Bohlin, *Building Character in Schools: Practical Way to Bring Moral instruction to Life*, San Francisco: Jossey-Bass, 1999.

Hugh Hartshorne, Mark May, *Studies in the Nature of Character: Studies in Deceit*, Ayer Co Pub, 1928.

Lawrence Kohlberg, "High School Democracy and Educating for a Just Community," in *Moral Education: A First Generation of Research and Development*, ed. M. L. Mosher, New York: Praeger, 1980.

Lawrence Kohlberg, *Essays on Moral Developmennt, vol.2: The Psychology of Moral Development*, Harper & Row, 1984.

Nel Noddings, *Caring: A Feminine Approach to Ethics and Moral Education*, Berkeley: University of California Press, 1984.（ネル・ノディングズ著，立山善康、清水重樹、新茂之、林泰成、宮崎宏志 訳『ケアリング―倫理と道徳の教育―女性の視点から』晃洋書房、1997年）

C. M. Beck, B. S. Crittenden and E. V. Sullivan（eds.）, *Moral Education, : Interdisciplinary Approaches*, 1971.（コールバーグ著，永野重史編『道徳性の発達と教育―コールバーグ理論の展開―』新曜社、1985年）

ジャン・ピアジェ著、大伴茂訳『児童道徳判断の発達』ピアジェ臨床児童心理学叢書Ⅲ、東京同文書院、1954年。

ローレンス・コールバーグ著、岩佐信道訳『道徳性の発達と道徳教育―コールバーグ理論の展開と実践―』麗澤大学出版会、1987年。

M.Hermin, "Clarifying and Advancing Values: Five Guidelines for Today's Educators," モラロジー研究所主催の道徳教育国際会議、1987年。

岩佐信道「アメリカにおける道徳教育の変遷」、トーマス・リコーナ著、水野修次郎監訳・編集『人格の教育』北樹出版、2001年。

武田さち子『子どもとまなぶいじめ・暴力克服プログラム』合同出版、2009年。

森田洋司・清永賢二『新訂版 いじめ』金子書房、1994年（初版、1986年）。

別役実・芹沢俊介・山崎哲『〈いじめ〉考』春秋社、1995年。

田上不二夫編著『スクールカウンセラー事例ファイル』福村出版、1998年。

高徳忍『いじめ問題ハンドブック～分析・資料・年表』つげ書房新社、1999年。

国分康孝・國分久子監修『いじめ』図書文化社、2003年。

文部科学省『いじめ問題に関する取組事例集』ぎょうせい、2007年。

諸富祥彦『教室に正義を いじめと闘う教師13カ条』図書文化社、2007年。

今津孝次郎『増補 いじめ問題の発生・展開と今後の課題』黎明書房、2007年。

金井肇・七條正典・津田知充『中学校編 「いじめ」を防ぐ道徳授業へのシナリオ』明治図書、1998年。

向山洋一監修『道徳授業でいじめに負けない子を育てる』明治図書、2004年。

河田孝文監修『いじめを乗り越える子を育てる道徳授業』明治図書、2008年。

砂川真澄編著『いじめの連鎖を断つ―あなたもできる「いじめ防止プログラム」―』冨山房インターナショナル、2008年。

尾木直樹『いじめ防止実践プログラム』学陽書房、1997年。
橋本治『いじめと自殺の予防教育』明治図書、1998年。
橋本治『いじめ問題を見過ごさない10のポイント！！』明治図書、2007年。
イギリス教育省編、佐々木保行監訳『いじめ――一人で悩まないで―』教育開発研究所、1996年。
森田洋司監修『世界のいじめ―各国の現状と取り組み―』金子書房、1998年。
武田さち子『子どもとまなぶいじめ・暴力克服プログラム』合同出版、2012年。

参　考

小学校学習指導要領新旧対照表

改　正（平成27年3月27日告示）	現　行（平成20年3月28日告示）
第1章　総　則	第1章　総　則

改正：

第1　教育課程編成の一般方針
　1　（略）
　2　学校における道徳教育は，特別の教科である道徳（以下「道徳科」という。）を要として学校の教育活動全体を通じて行うものであり，道徳科はもとより，各教科，外国語活動，総合的な学習の時間及び特別活動のそれぞれの特質に応じて，児童の発達の段階を考慮して，適切な指導を行わなければならない。
　　道徳教育は，教育基本法及び学校教育法に定められた教育の根本精神に基づき，自己の生き方を考え，主体的な判断の下に行動し，自立した人間として他者と共によりよく生きるための基盤となる道徳性を養うことを目標とする。
　　道徳教育を進めるに当たっては，人間尊重の精神と生命に対する畏敬の念を家庭，学校，その他社会における具体的な生活の中に生かし，豊かな心をもち，伝統と文化を尊重し，それらを育んできた我が国と郷土を愛し，個性豊かな文化の創造を図るとともに，平和で民主的な国家及び社会の形成者として，公共の精神を尊び，社会及び国家の発展に努め，他国を尊重し，国際社会の平和と発展や環境の保全に貢献し未来を拓く主体性のある日本人の育成に資することとなるよう特に留意しなければならない。
　3　（略）

第2　内容等の取扱いに関する共通的事項
　1　第2章以下に示す各教科，道徳科，外国語活動及び特別活動の内容に関する事項は，特に示す場合を除き，いずれの学校においても取り扱わなければならない。
　2　学校において特に必要がある場合には，第2章以下に示していない内容を加えて指導することができる。また，第2章以下に示す内容の取扱いのうち内容の範囲や程度等を示す事項は，全ての児童に対して指導するものとする内容の範囲や程度等を示したものであり，学校において特に必要がある場合には，この事項にかかわらず指導することができる。ただし，これらの

現行：

第1　教育課程編成の一般方針
　1　（略）
　2　学校における道徳教育は，道徳の時間を要として学校の教育活動全体を通じて行うものであり，道徳の時間はもとより，各教科，外国語活動，総合的な学習の時間及び特別活動のそれぞれの特質に応じて，児童の発達の段階を考慮して，適切な指導を行わなければならない。
　　道徳教育は，教育基本法及び学校教育法に定められた教育の根本精神に基づき，人間尊重の精神と生命に対する畏敬の念を家庭，学校，その他社会における具体的な生活の中に生かし，豊かな心をもち，伝統と文化を尊重し，それらをはぐくんできた我が国と郷土を愛し，個性豊かな文化の創造を図るとともに，公共の精神を尊び，民主的な社会及び国家の発展に努め，他国を尊重し，国際社会の平和と発展や環境の保全に貢献し未来を拓く主体性のある日本人を育成するため，その基盤としての道徳性を養うことを目標とする。
　　（後段　移動）

　3　（略）

第2　内容等の取扱いに関する共通的事項
　1　第2章以下に示す各教科，道徳，外国語活動及び特別活動の内容に関する事項は，特に示す場合を除き，いずれの学校においても取り扱わなければならない。
　2　学校において特に必要がある場合には，第2章以下に示していない内容を加えて指導することができる。また，第2章以下に示す内容の取扱いのうち内容の範囲や程度等を示す事項は，すべての児童に対して指導するものとする内容の範囲や程度等を示したものであり，学校において特に必要がある場合には，この事項にかかわらず指導することができる。ただし，これら

場合には，第2章以下に示す各教科，道徳科，外国語活動及び特別活動並びに各学年の目標や内容の趣旨を逸脱したり，児童の負担過重となったりすることのないようにしなければならない。
3　第2章以下に示す各教科，道徳科，外国語活動及び特別活動並びに各学年の内容に掲げる事項の順序は，特に示す場合を除き，指導の順序を示すものではないので，学校においては，その取扱いについて適切な工夫を加えるものとする。
4　（略）
5　学校において2以上の学年の児童で編制する学級について特に必要がある場合には，各教科，道徳科，外国語活動及び特別活動の目標の達成に支障のない範囲内で，各教科，道徳科，外国語活動及び特別活動の目標及び内容について学年別の順序によらないことができる。
6　道徳科を要として学校の教育活動全体を通じて行う道徳教育の内容は，第3章特別の教科道徳の第2に示す内容とする。

第3　授業時数等の取扱い
1　各教科，道徳科，外国語活動，総合的な学習の時間及び特別活動（以下「各教科等」という。ただし，1及び3において，特別活動については学級活動（学校給食に係るものを除く。）に限る。）の授業は，年間35週（第1学年については34週）以上にわたって行うよう計画し，週当たりの授業時数が児童の負担過重にならないようにするものとする。ただし，各教科等や学習活動の特質に応じ効果的な場合には，夏季，冬季，学年末等の休業日の期間に授業日を設定する場合を含め，これらの授業を特定の期間に行うことができる。なお，給食，休憩などの時間については，学校において工夫を加え，適切に定めるものとする。
2〜5　（略）

第4　指導計画の作成等に当たって配慮すべき事項
1　（略）
2　各教科等の指導に当たっては，次の事項に配

の場合には，第2章以下に示す各教科，道徳，外国語活動及び特別活動並びに各学年の目標や内容の趣旨を逸脱したり，児童の負担過重となったりすることのないようにしなければならない。
3　第2章以下に示す各教科，道徳，外国語活動及び特別活動並びに各学年の内容に掲げる事項の順序は，特に示す場合を除き，指導の順序を示すものではないので，学校においては，その取扱いについて適切な工夫を加えるものとする。
4　（略）
5　学校において2以上の学年の児童で編制する学級について特に必要がある場合には，各教科，道徳，外国語活動及び特別活動の目標の達成に支障のない範囲内で，各教科，道徳，外国語活動及び特別活動の目標及び内容について学年別の順序によらないことができる。

第3章　道　徳
第2　内　容
道徳の時間を要（かなめ）として学校の教育活動全体を通じて行う道徳教育の内容は，次のとおりとする。

第3　授業時数等の取扱い
1　各教科，道徳，外国語活動，総合的な学習の時間及び特別活動（以下「各教科等」という。ただし，1及び3において，特別活動については学級活動（学校給食に係るものを除く。）に限る。）の授業は，年間35週（第1学年については34週）以上にわたって行うよう計画し，週当たりの授業時数が児童の負担過重にならないようにするものとする。ただし，各教科等や学習活動の特質に応じ効果的な場合には，夏季，冬季，学年末等の休業日の期間に授業日を設定する場合を含め，これらの授業を特定の期間に行うことができる。なお，給食，休憩などの時間については，学校において工夫を加え，適切に定めるものとする。
2〜5　（略）

第4　指導計画の作成等に当たって配慮すべき事項
1　（略）
2　以上のほか，次の事項に配慮するものとする。

慮するものとする。
(1)～(12)　（略）
3　道徳教育を進めるに当たっては，次の事項に配慮するものとする。
　(1) 各学校においては，第1の2に示す道徳教育の目標を踏まえ，道徳教育の全体計画を作成し，校長の方針の下に，道徳教育の推進を主に担当する教師（以下「道徳教育推進教師」という。）を中心に，全教師が協力して道徳教育を展開すること。なお，道徳教育の全体計画の作成に当たっては，児童，学校及び地域の実態を考慮して，学校の道徳教育の重点目標を設定するとともに，道徳科の指導方針，第3章特別の教科道徳の第2に示す内容との関連を踏まえた各教科，外国語活動，総合的な学習の時間及び特別活動における指導の内容及び時期並びに家庭や地域社会との連携の方法を示すこと。
　(2) 各学校においては，児童の発達の段階や特性等を踏まえ，指導内容の重点化を図ること。その際，各学年を通じて，自立心や自律性，生命を尊重する心や他者を思いやる心を育てることに留意すること。また，各学年段階においては，次の事項に留意すること。
　　ア　第1学年及び第2学年においては，挨拶などの基本的な生活習慣を身に付けること，善悪を判断し，してはならないことをしないこと，社会生活上のきまりを守ること。
　　イ　第3学年及び第4学年においては，善悪を判断し，正しいと判断したことを行うこと，身近な人々と協力し助け合うこと，集団や社会のきまりを守ること。
　　ウ　第5学年及び第6学年においては，相手の考え方や立場を理解して支え合うこと，法やきまりの意義を理解して進んで守ること，集団生活の充実に努めること，伝統と文化を尊重し，それらを育んできた我が国と郷土を愛するとともに，他国を尊重すること。
　(3) 学校や学級内の人間関係や環境を整えるとともに，集団宿泊活動やボランティア活動，自然体験活動，地域の行事への参加などの豊

(1)～(12)　（略）

第3章　道　　徳
第3　指導計画の作成と内容の取扱い
1　各学校においては，校長の方針の下に，道徳教育の推進を主に担当する教師（以下「道徳教育推進教師」という。）を中心に，全教師が協力して道徳教育を展開するため，次に示すところにより，道徳教育の全体計画と道徳の時間の年間指導計画を作成するものとする。
　(1) 道徳教育の全体計画の作成に当たっては，学校における全教育活動との関連の下に，児童，学校及び地域の実態を考慮して，学校の道徳教育の重点目標を設定するとともに，第2に示す道徳の内容との関連を踏まえた各教科，外国語活動，総合的な学習の時間及び特別活動における指導の内容及び時期並びに家庭や地域社会との連携の方法を示す必要があること。
　(3) 各学校においては，各学年を通じて自立心や自律性，自他の生命を尊重する心を育てることに配慮するとともに，児童の発達の段階や特性等を踏まえ，指導内容の重点化を図ること。特に低学年ではあいさつなどの基本的な生活習慣，社会生活上のきまりを身に付け，善悪を判断し，人間としてしてはならないことをしないこと，中学年では集団や社会のきまりを守り，身近な人々と協力し助け合う態度を身に付けること，高学年では法やきまりの意義を理解すること，相手の立場を理解し，支え合う態度を身に付けること，集団における役割と責任を果たすこと，国家・社会の一員としての自覚をもつことなどに配慮し，児童や学校の実態に応じた指導を行うよう工夫すること。また，高学年においては，悩みや葛藤（かっとう）等の心の揺れ，人間関係の理解等の課題を積極的に取り上げ，自己の生き方についての考えを一層深められるよう指導を工夫すること。

第1　（略）
　2　（前段　略）
　道徳教育を進めるに当たっては，教師と児童及び児童相互の人間関係を深めるとともに，児童が自己の生き方についての考えを深め，家庭

かな体験を充実すること。また，道徳教育の指導内容が，児童の日常生活に生かされるようにすること。その際，いじめの防止や安全の確保等にも資することとなるよう留意すること。	や地域社会との連携を図りながら，集団宿泊活動やボランティア活動，自然体験活動などの豊かな体験を通して児童の内面に根ざした道徳性の育成が図られるよう配慮しなければならない。その際，特に児童が基本的な生活習慣，社会生活上のきまりを身に付け，善悪を判断し，人間としてしてはならないことをしないようにすることなどに配慮しなければならない。

第3章 道 徳
第3 指導計画の作成と内容の取扱い
　4　道徳教育を進めるに当たっては，学校や学級内の人間関係や環境を整えるとともに，学校の道徳教育の指導内容が児童の日常生活に生かされるようにする必要がある。また，道徳の時間の授業を公開したり，授業の実施や地域教材の開発や活用などに，保護者や地域の人々の積極的な参加や協力を得たりするなど，家庭や地域社会との共通理解を深め，相互の連携を図るよう配慮する必要がある。

(4) 学校の道徳教育の全体計画や道徳教育に関する諸活動などの情報を積極的に公表したり，道徳教育の充実のために家庭や地域の人々の積極的な参加や協力を得たりするなど，家庭や地域社会との共通理解を深め，相互の連携を図ること。

第3章　特別の教科　道徳	第3章　特別の教科　道徳
第1　目標 　第1章総則の第1の2に示す道徳教育の目標に基づき，よりよく生きるための基盤となる道徳性を養うため，道徳的諸価値についての理解を基に，自己を見つめ，物事を多面的・多角的に考え，自己の生き方についての考えを深める学習を通して，道徳的な判断力，心情，実践意欲と態度を育てる。	第1　目標 道徳教育の目標は，第1章総則の第1の2に示すところにより，学校の教育活動全体を通じて，道徳的な心情，判断力，実践意欲と態度などの道徳性を養うこととする。 道徳の時間においては，以上の道徳教育の目標に基づき，各教科，外国語活動，総合的な学習の時間及び特別活動における道徳教育と密接な関連を図りながら，計画的，発展的な指導によってこれを補充，深化，統合し，道徳的価値の自覚及び自己の生き方についての考えを深め，道徳的実践力を育成するものとする。
第2　内容 　学校の教育活動全体を通じて行う道徳教育の要である道徳科においては，以下に示す項目について扱う。 　A　主として自分自身に関すること 　　〔善悪の判断，自律，自由と責任〕 　　〔第1学年及び第2学年〕 　　　よいことと悪いこととの区別をし，よいと思うことを進んで行うこと。	第2　内容 道徳の時間を要として学校の教育活動全体を通じて行う道徳教育の内容は，次のとおりとする。【再掲】 〔第1学年及び第2学年〕 1　主として自分自身に関すること。 (1) 健康や安全に気を付け，物や金銭を大切にし，身の回りを整え，わがままをしないで，規則正しい生活をする。

〔第3学年及び第4学年〕
　　正しいと判断したことは，自信をもって行うこと。
〔第5学年及び第6学年〕
　　自由を大切にし，自律的に判断し，責任のある行動をすること。
［正直，誠実］
〔第1学年及び第2学年〕
　　うそをついたりごまかしをしたりしないで，素直に伸び伸びと生活すること。
〔第3学年及び第4学年〕
　　過ちは素直に改め，正直に明るい心で生活すること。
〔第5学年及び第6学年〕
　　誠実に，明るい心で生活すること。
［節度，節制］
〔第1学年及び第2学年〕
　　健康や安全に気を付け，物や金銭を大切にし，身の回りを整え，わがままをしないで，規則正しい生活をすること。
〔第3学年及び第4学年〕
　　自分でできることは自分でやり，安全に気を付け，よく考えて行動し，節度のある生活をすること。
〔第5学年及び第6学年〕
　　安全に気を付けることや，生活習慣の大切さについて理解し，自分の生活を見直し，節度を守り節制に心掛けること。
［個性の伸長］
〔第1学年及び第2学年〕
　　自分の特徴に気付くこと。
〔第3学年及び第4学年〕
　　自分の特徴に気付き，長所を伸ばすこと。
〔第5学年及び第6学年〕
　　自分の特徴を知って，短所を改め長所を伸ばすこと。
［希望と勇気，努力と強い意志］
〔第1学年及び第2学年〕
　　自分のやるべき勉強や仕事をしっかりと行うこと。
〔第3学年及び第4学年〕
　　自分でやろうと決めた目標に向かって，強い意志をもち，粘り強くやり抜くこと。
〔第5学年及び第6学年〕

　(2) 自分がやらなければならない勉強や仕事は，しっかりと行う。
　(3) よいことと悪いことの区別をし，よいと思うことを進んで行う。
　(4) うそをついたりごまかしをしたりしないで，素直に伸び伸びと生活する。
2　主として他の人とのかかわりに関すること。
　(1) 気持ちのよいあいさつ，言葉遣い，動作などに心掛けて，明るく接する。
　(2) 幼い人や高齢者など身近にいる人に温かい心で接し，親切にする。
　(3) 友達と仲よくし，助け合う。
　(4) 日ごろ世話になっている人々に感謝する。
3　主として自然や崇高なものとのかかわりに関すること。
　(1) 生きることを喜び，生命を大切にする心をもつ。
　(2) 身近な自然に親しみ，動植物に優しい心で接する。
　(3) 美しいものに触れ，すがすがしい心をもつ。
4　主として集団や社会とのかかわりに関すること。
　(1) 約束やきまりを守り，みんなが使う物を大切にする。
　(2) 働くことのよさを感じて，みんなのために働く。
　(3) 父母，祖父母を敬愛し，進んで家の手伝いなどをして，家族の役に立つ喜びを知る。
　(4) 先生を敬愛し，学校の人々に親しんで，学級や学校の生活を楽しくする。
　(5) 郷土の文化や生活に親しみ，愛着をもつ。

〔第3学年及び第4学年〕
1　主として自分自身に関すること。
　(1) 自分でできることは自分でやり，よく考えて行動し，節度のある生活をする。
　(2) 自分でやろうと決めたことは，粘り強くやり遂げる。
　(3) 正しいと判断したことは，勇気をもって行う。
　(4) 過ちは素直に改め，正直に明るい心で元気よく生活する。
　(5) 自分の特徴に気付き，よい所を伸ばす。
2　主として他の人とのかかわりに関すること。

より高い目標を立て，希望と勇気をもち，困難があってもくじけずに努力して物事をやり抜くこと。

［真理の探究］

〔第5学年及び第6学年〕

真理を大切にし，物事を探究しようとする心をもつこと。

B 主として人との関わりに関すること

［親切，思いやり］

〔第1学年及び第2学年〕

身近にいる人に温かい心で接し，親切にすること。

〔第3学年及び第4学年〕

相手のことを思いやり，進んで親切にすること。

〔第5学年及び第6学年〕

誰に対しても思いやりの心をもち，相手の立場に立って親切にすること。

［感謝］

〔第1学年及び第2学年〕

家族など日頃世話になっている人々に感謝すること。

〔第3学年及び第4学年〕

家族など生活を支えてくれている人々や現在の生活を築いてくれた高齢者に，尊敬と感謝の気持ちをもって接すること。

〔第5学年及び第6学年〕

日々の生活が家族や過去からの多くの人々の支え合いや助け合いで成り立っていることに感謝し，それに応えること。

［礼儀］

〔第1学年及び第2学年〕

気持ちのよい挨拶，言葉遣い，動作などに心掛けて，明るく接すること。

〔第3学年及び第4学年〕

礼儀の大切さを知り，誰に対しても真心をもって接すること。

〔第5学年及び第6学年〕

時と場をわきまえて，礼儀正しく真心をもって接すること。

［友情，信頼］

〔第1学年及び第2学年〕

友達と仲よくし，助け合うこと。

〔第3学年及び第4学年〕

(1) 礼儀の大切さを知り，だれに対しても真心をもって接する。

(2) 相手のことを思いやり，進んで親切にする。

(3) 友達と互いに理解し，信頼し，助け合う。

(4) 生活を支えている人々や高齢者に，尊敬と感謝の気持ちをもって接する。

3 主として自然や崇高なものとのかかわりに関すること。

(1) 生命の尊さを感じ取り，生命あるものを大切にする。

(2) 自然のすばらしさや不思議さに感動し，自然や動植物を大切にする。

(3) 美しいものや気高いものに感動する心をもつ。

4 主として集団や社会とのかかわりに関すること。

(1) 約束や社会のきまりを守り，公徳心をもつ。

(2) 働くことの大切さを知り，進んでみんなのために働く。

(3) 父母，祖父母を敬愛し，家族みんなで協力し合って楽しい家庭をつくる。

(4) 先生や学校の人々を敬愛し，みんなで協力し合って楽しい学級をつくる。

(5) 郷土の伝統と文化を大切にし，郷土を愛する心をもつ。

(6) 我が国の伝統と文化に親しみ，国を愛する心をもつとともに，外国の人々や文化に関心をもつ。

〔第5学年及び第6学年〕

1 主として自分自身に関すること。

(1) 生活習慣の大切さを知り，自分の生活を見直し，節度を守り節制に心掛ける。

(2) より高い目標を立て，希望と勇気をもってくじけないで努力する。

(3) 自由を大切にし，自律的で責任のある行動をする。

(4) 誠実に，明るい心で楽しく生活する。

(5) 真理を大切にし，進んで新しいものを求め，工夫して生活をよりよくする。

(6) 自分の特徴を知って，悪い所を改めよい所を積極的に伸ばす。

2 主として他の人とのかかわりに関すること。

(1) 時と場をわきまえて，礼儀正しく真心をも

友達と互いに理解し，信頼し，助け合うこと。
　　〔第5学年及び第6学年〕
　　　友達と互いに信頼し，学び合って友情を深め，異性についても理解しながら，人間関係を築いていくこと。
　[相互理解，寛容]
　　〔第3学年及び第4学年〕
　　　自分の考えや意見を相手に伝えるとともに，相手のことを理解し，自分と異なる意見も大切にすること。
　　〔第5学年及び第6学年〕
　　　自分の考えや意見を相手に伝えるとともに，謙虚な心をもち，広い心で自分と異なる意見や立場を尊重すること。
　C　主として集団や社会との関わりに関すること
　[規則の尊重]
　　〔第1学年及び第2学年〕
　　　約束やきまりを守り，みんなが使う物を大切にすること。
　　〔第3学年及び第4学年〕
　　　約束や社会のきまりの意義を理解し，それらを守ること。
　　〔第5学年及び第6学年〕
　　　法やきまりの意義を理解した上で進んでそれらを守り，自他の権利を大切にし，義務を果たすこと。
　[公正，公平，社会正義]
　　〔第1学年及び第2学年〕
　　　自分の好き嫌いにとらわれないで接すること。
　　〔第3学年及び第4学年〕
　　　誰に対しても分け隔てをせず，公正，公平な態度で接すること。
　　〔第5学年及び第6学年〕
　　　誰に対しても差別をすることや偏見をもつことなく，公正，公平な態度で接し，正義の実現に努めること。
　[勤労，公共の精神]
　　〔第1学年及び第2学年〕
　　　働くことのよさを知り，みんなのために働くこと。
　　〔第3学年及び第4学年〕
　　　働くことの大切さを知り，進んでみんなのために働くこと。
　　〔第5学年及び第6学年〕

って接する。
　(2) だれに対しても思いやりの心をもち，相手の立場に立って親切にする。
　(3) 互いに信頼し，学び合って友情を深め，男女仲よく協力し助け合う。
　(4) 謙虚な心をもち，広い心で自分と異なる意見や立場を大切にする。
　(5) 日々の生活が人々の支え合いや助け合いで成り立っていることに感謝し，それにこたえる。
3　主として自然や崇高なものとのかかわりに関すること。
　(1) 生命がかけがえのないものであることを知り，自他の生命を尊重する。
　(2) 自然の偉大さを知り，自然環境を大切にする。
　(3) 美しいものに感動する心や人間の力を超えたものに対する畏敬の念をもつ。
4　主として集団や社会とのかかわりに関すること。
　(1) 公徳心をもって法やきまりを守り，自他の権利を大切にし進んで義務を果たす。
　(2) だれに対しても差別をすることや偏見をもつことなく公正，公平にし，正義の実現に努める。
　(3) 身近な集団に進んで参加し，自分の役割を自覚し，協力して主体的に責任を果たす。
　(4) 働くことの意義を理解し，社会に奉仕する喜びを知って公共のために役に立つことをする。
　(5) 父母，祖父母を敬愛し，家族の幸せを求めて，進んで役に立つことをする。
　(6) 先生や学校の人々への敬愛を深め，みんなで協力し合いよりよい校風をつくる。
　(7) 郷土や我が国の伝統と文化を大切にし，先人の努力を知り，郷土や国を愛する心をもつ。
　(8) 外国の人々や文化を大切にする心をもち，日本人としての自覚をもって世界の人々と親善に努める。

働くことや社会に奉仕することの充実感を味わうとともに，その意義を理解し，公共のために役に立つことをすること。

[家族愛，家庭生活の充実]
〔第1学年及び第2学年〕
父母，祖父母を敬愛し，進んで家の手伝いなどをして，家族の役に立つこと。
〔第3学年及び第4学年〕
父母，祖父母を敬愛し，家族みんなで協力し合って楽しい家庭をつくること。
〔第5学年及び第6学年〕
父母，祖父母を敬愛し，家族の幸せを求めて，進んで役に立つことをすること。

[よりよい学校生活，集団生活の充実]
〔第1学年及び第2学年〕
先生を敬愛し，学校の人々に親しんで，学級や学校の生活を楽しくすること。
〔第3学年及び第4学年〕
先生や学校の人々を敬愛し，みんなで協力し合って楽しい学級や学校をつくること。
〔第5学年及び第6学年〕
先生や学校の人々を敬愛し，みんなで協力し合ってよりよい学級や学校をつくるとともに，様々な集団の中での自分の役割を自覚して集団生活の充実に努めること。

[伝統と文化の尊重，国や郷土を愛する態度]
〔第1学年及び第2学年〕
我が国や郷土の文化と生活に親しみ，愛着をもつこと。
〔第3学年及び第4学年〕
我が国や郷土の伝統と文化を大切にし，国や郷土を愛する心をもつこと。
〔第5学年及び第6学年〕
我が国や郷土の伝統と文化を大切にし，先人の努力を知り，国や郷土を愛する心をもつこと。

[国際理解，国際親善]
〔第1学年及び第2学年〕
他国の人々や文化に親しむこと。
〔第3学年及び第4学年〕
他国の人々や文化に親しみ，関心をもつこと。
〔第5学年及び第6学年〕
他国の人々や文化について理解し，日本人としての自覚をもって国際親善に努めること。

D 主として生命や自然，崇高なものとの関わり

に関すること
[生命の尊さ]
〔第1学年及び第2学年〕
生きることのすばらしさを知り、生命を大切にすること。
〔第3学年及び第4学年〕
生命の尊さを知り、生命あるものを大切にすること。
〔第5学年及び第6学年〕
生命が多くの生命のつながりの中にあるかけがえのないものであることを理解し、生命を尊重すること。
[自然愛護]
〔第1学年及び第2学年〕
身近な自然に親しみ、動植物に優しい心で接すること。
〔第3学年及び第4学年〕
自然のすばらしさや不思議さを感じ取り、自然や動植物を大切にすること。
〔第5学年及び第6学年〕
自然の偉大さを知り、自然環境を大切にすること。
[感動, 畏敬の念]
〔第1学年及び第2学年〕
美しいものに触れ、すがすがしい心をもつこと。
〔第3学年及び第4学年〕
美しいものや気高いものに感動する心をもつこと。
〔第5学年及び第6学年〕
美しいものや気高いものに感動する心や人間の力を超えたものに対する畏敬の念をもつこと。
[よりよく生きる喜び]
〔第5学年及び第6学年〕
よりよく生きようとする人間の強さや気高さを理解し、人間として生きる喜びを感じること。

第3 指導計画の作成と内容の取扱い
1 各学校においては、道徳教育の全体計画に基づき、各教科、外国語活動、総合的な学習の時間及び特別活動との関連を考慮しながら、道徳科の年間指導計画を作成するものとする。なお、作成に当たっては、第2に示す各学年段階の内容項目について、相当する各学年において全て

第3 指導計画の作成と内容の取扱い
1 各学校においては、校長の方針の下に、道徳教育の推進を主に担当する教師（以下「道徳教育推進教師」という。）を中心に、全教師が協力して道徳教育を展開するため、次に示すところにより、道徳教育の全体計画と道徳の時間の年間指導計画を作成するものとする。【再掲】

取り上げることとする。その際，児童や学校の実態に応じ，2学年間を見通した重点的な指導や内容項目間の関連を密にした指導，一つの内容項目を複数の時間で扱う指導を取り入れるなどの工夫を行うものとする。
2　第2の内容の指導に当たっては，次の事項に配慮するものとする。
(1)　校長や教頭などの参加，他の教師との協力的な指導などについて工夫し，道徳教育推進教師を中心とした指導体制を充実すること。

(2)　道徳科が学校の教育活動全体を通じて行う道徳教育の要としての役割を果たすことができるよう，計画的・発展的な指導を行うこと。特に，各教科，外国語活動，総合的な学習の時間及び特別活動における道徳教育としては取り扱う機会が十分でない内容項目に関わる指導を補うことや，児童や学校の実態等を踏まえて指導をより一層深めること，内容項目の相互の関連を捉え直したり発展させたりすることに留意すること。
(3)　児童が自ら道徳性を養う中で，自らを振り返って成長を実感したり，これからの課題や目標を見付けたりすることができるよう工夫すること。その際，道徳性を養うことの意義について，児童自らが考え，理解し，主体的に学習に取り組むことができるようにすること。
(4)　児童が多様な感じ方や考え方に接する中で，考えを深め，判断し，表現する力などを育むことができるよう，自分の考えを基に話し合ったり書いたりするなどの言語活動を充実す

(2)　道徳の時間の年間指導計画の作成に当たっては，道徳教育の全体計画に基づき，各教科，外国語活動，総合的な学習の時間及び特別活動との関連を考慮しながら，計画的，発展的に授業がなされるよう工夫すること。その際，第2に示す各学年段階ごとの内容項目について，児童や学校の実態に応じ，2学年間を見通した重点的な指導や内容項目間の関連を密にした指導を行うよう工夫すること。ただし，第2に示す各学年段階ごとの内容項目は相当する各学年においてすべて取り上げること。なお，特に必要な場合には，他の学年段階の内容項目を加えることができること。
3　道徳の時間における指導に当たっては，次の事項に配慮するものとする。
(1)　校長や教頭などの参加，他の教師との協力的な指導などについて工夫し，道徳教育推進教師を中心とした指導体制を充実すること。

第1　(略)
(前段　略)
　道徳の時間においては，以上の道徳教育の目標に基づき，各教科，外国語活動，総合的な学習の時間及び特別活動における道徳教育と密接な関連を図りながら，計画的，発展的な指導によってこれを補充，深化，統合し，道徳的価値の自覚及び自己の生き方についての考えを深め，道徳的実践力を育成するものとする。【再掲】

第3　(略)
2　第2に示す道徳の内容は，児童が自ら道徳性をはぐくむためのものであり，道徳の時間はもとより，各教科，外国語活動，総合的な学習の時間及び特別活動においてもそれぞれの特質に応じた適切な指導を行うものとする。その際，児童自らが成長を実感でき，これからの課題や目標が見付けられるよう工夫する必要がある。
3　(略)
(4)　自分の考えを基に，書いたり話し合ったりするなどの表現する機会を充実し，自分とは異なる考えに接する中で，自分の考えを深め，自らの成長を実感できるよう工夫すること。

171

ること。
(5) 児童の発達の段階や特性等を考慮し，指導のねらいに即して，問題解決的な学習，道徳的行為に関する体験的な学習等を適切に取り入れるなど，指導方法を工夫すること。その際，それらの活動を通じて学んだ内容の意義などについて考えることができるようにすること。また，特別活動等における多様な実践活動や体験活動も道徳科の授業に生かすようにすること。
(6) 児童の発達の段階や特性等を考慮し，第2に示す内容との関連を踏まえつつ，情報モラルに関する指導を充実すること。また，児童の発達の段階や特性等を考慮し，例えば，社会の持続可能な発展などの現代的な課題の取扱いにも留意し，身近な社会的課題を自分との関係において考え，それらの解決に寄与しようとする意欲や態度を育てるよう努めること。なお，多様な見方や考え方のできる事柄について，特定の見方や考え方に偏った指導を行うことのないようにすること。
(7) 道徳科の授業を公開したり，授業の実施や地域教材の開発や活用などに家庭や地域の人々，各分野の専門家等の積極的な参加や協力を得たりするなど，家庭や地域社会との共通理解を深め，相互の連携を図ること。

3 教材については，次の事項に留意するものとする。
(1) 児童の発達の段階や特性，地域の実情等を考慮し，多様な教材の活用に努めること。特に，生命の尊厳，自然，伝統と文化，先人の伝記，スポーツ，情報化への対応等の現代的な課題などを題材とし，児童が問題意識をもって多面的・多角的に考えたり，感動を覚えたりするような充実した教材の開発や活用を行うこと。
(2) 教材については，教育基本法や学校教育法その他の法令に従い，次の観点に照らし適切と判断されるものであること。
　ア　児童の発達の段階に即し，ねらいを達成

(2) 集団宿泊活動やボランティア活動，自然体験活動などの体験活動を生かすなど，児童の発達の段階や特性等を考慮した創意工夫ある指導を行うこと。

(5) 児童の発達の段階や特性等を考慮し，第2に示す道徳の内容との関連を踏まえ，情報モラルに関する指導に留意すること。

4 道徳教育を進めるに当たっては，学校や学級内の人間関係や環境を整えるとともに，学校の道徳教育の指導内容が児童の日常生活に生かされるようにする必要がある。また，道徳の時間の授業を公開したり，授業の実施や地域教材の開発や活用などに，保護者や地域の人々の積極的な参加や協力を得たりするなど，家庭や地域社会との共通理解を深め，相互の連携を図るよう配慮する必要がある。【再掲】

3 (略)
(3) 先人の伝記，自然，伝統と文化，スポーツなどを題材とし，児童が感動を覚えるような魅力的な教材の開発や活用を通して，児童の発達の段階や特性等を考慮した創意工夫ある指導を行うこと。

するのにふさわしいものであること。 　イ　人間尊重の精神にかなうものであって，悩みや葛藤等の心の揺れ，人間関係の理解等の課題も含め，児童が深く考えることができ，人間としてよりよく生きる喜びや勇気を与えられるものであること。 　ウ　多様な見方や考え方のできる事柄を取り扱う場合には，特定の見方や考え方に偏った取扱いがなされていないものであること。 4　児童の学習状況や道徳性に係る成長の様子を継続的に把握し，指導に生かすよう努める必要がある。ただし，数値などによる評価は行わないものとする。	5　児童の道徳性については，常にその実態を把握して指導に生かすよう努める必要がある。ただし，道徳の時間に関して数値などによる評価は行わないものとする。

著者紹介

柳沼 良太（やぎぬま りょうた）

経　歴
早稲田大学大学院文学研究科博士後期課程修了、博士（文学）
早稲田大学文学部助手、山形短期大学専任講師を経て、現在、岐阜大学大学院教育学研究科准教授。日本道徳教育学会理事。中央教育審議会道徳教育専門部会委員。道徳教育の改善等に係る調査研究協力委員。

著　書
単著　『プラグマティズムと教育―デューイからローティへ―』、八千代出版、2002年。『問題解決型の道徳授業―プラグマティック・アプローチ―』、明治図書、2006年。『ローティの教育論―ネオ・プラグマティズムからの提言―』、八千代出版、2008年。『ポストモダンの自由管理教育―スキゾ・キッズからマルチ・キッズへ―』、春風社、2010年。『「生きる力」を育む道徳教育―デューイ教育思想の継承と発展―』、慶應義塾大学出版会、2012年。

共著　『教育の可能性を読む』、情況出版、2001年。『経験の意味世界をひらく―教育にとって経験とは何か―』、東信堂、2003年。『教育の臨界―教育的理性批判―』、情況出版、2005年。『道徳教育入門―その授業を中心として―』、教育開発研究所、2008年。『学校教育と道徳教育の創造』、学文社、2010年。日本デューイ学会編『日本のデューイ研究と21世紀の課題』、世界思想社、2010年。編著『道徳の時代がきた！　―道徳教科化への提言―』、教育出版、2013年。編著『道徳の時代をつくる！　―道徳教科化への始動―』、教育出版、2014年。

翻訳　トーマス・リコーナ、マッド・デビッドソン著、『優秀で善良な学校―新しい人格教育の手引き―』、慶應義塾大学出版部、2012年。

実効性のある道徳教育
―日米比較から見えてくるもの―

2015年7月21日　初版第1刷発行

著　者　柳　沼　良　太
発行者　小　林　一　光
発行所　**教育出版株式会社**

101-0051 東京都千代田区神田神保町2-10
電話 03-3238-6965　FAX 03-3238-6999

©R. Yaginuma　2015
Printed in Japan
乱丁・落丁本はお取替いたします。

組版　ピーアンドエー
印刷　モリモト印刷
製本　上島製本

ISBN978-4-316-80416-3　C3037